智能时代财务管理转型研究

徐侪胤　潘宗英　张锐　著

中国商业出版社

图书在版编目（CIP）数据

智能时代财务管理转型研究 / 徐侪胤，潘宗英，张锐著 .-- 北京：中国商业出版社，2023.5

ISBN 978-7-5208-2452-1

Ⅰ．①高… Ⅱ．①徐…②潘…③张… Ⅲ．①人工智能—应用—财务管理—研究 Ⅳ．①F275-39

中国国家版本馆 CIP 数据核字（2023）第 053885 号

责任编辑：李　飞
（策划编辑：蔡　凯）

中国商业出版社出版发行
（www. zgsycb. com　100053　北京广安门内报国寺 1 号）
总编室：010-63180647　编辑室：010-83114579
发行部：010-83120835/8286
新华书店经销
安徽中皖佰朗印务有限公司印刷

787 毫米 ×1092 毫米　16 开　12.75 印张　230 千字
2023 年 5 月 第 1 版　2023 年 5 月 第 1 次印刷
定价：58.00 元

* * * *

（如有印装质量问题可更换）

前 言

未来已来，智能时代以前所未有的速度进入了我们所有财务人的视野。财务及会计领域正在经历一场大时代下的大变革。当云计算、大数据、区块链、人工智能、物联网等智能技术快速改变整个社会及商业环境的时候，财务与会计作为商业的核心元素也不可避免地被卷入了这些技术名词的浪潮中。

人工智能正在改变着今天的世界，未来的十年将是智能技术有史以来发展最为迅猛的时期。也正是在这样的背景下，我们必须意识到，智能时代也正在改变财务。智能时代改变了财务人对组织与认知的逻辑，改变了财务人的技术和管理实践的逻辑。而与此同时，智能时代新商业经济模式的出现也触动财务发生改变。共享经济、跟踪经济、合作经济，这些无不牵动着财务与之协同创新。

智能时代的财务组织正在由战略、专业、共享、业财的四分离模式向外延扩展的高级阶段进化。在这一进化过程中，财务组织发生着积极的自我变革。从刚性管理向柔性管理的进化，让财务组织面对快速变化的业务环境有了更佳的应对能力。财务智能化团队的诞生，让智能时代的财务管理拥有一战之力。而面对快速迭代的智能商业，财务组织也必须具备创新的知识与能力，智能时代需要人人成为首席财务创新官。

本书是智能时代财务管理转型研究方向的著作，本书简要介绍了智能时代的财务管理、企业财务信息化规划与创新实践、财务管理的基本组成等相关内容。同时阐述了新时代背景下财务管理的创新理念，还对财务管理模式及财务管理软件应用、企业财务智能化转型做了一定的介绍。最后对智能时代战略财务创新实践、智能时代专业财务创新实践、智能时代业务财务创新实践及智能时代财务会计转型进行分析研究。希望本书可以让财务管理人员快速、全面地了解智能时代的财务管理。

在撰写本书时，笔者得到一些学者的支持，同时也参考借鉴了一些国内外学者的有关理论、材料等，在这里对此一并表示感谢。由于本人水平所限，书中难免会有不妥之处，还望读者不吝指正，以便本人后续修改。

作者

2022 年 12 月

目 录

第一章　智能化时代管理

第一节　智能时代改变世界也在改变财务

不知从何时开始，新闻、职场、培训、会议、论坛，几乎你所能接触到的所有媒体和社交场合中都出现了“人工智能”这个关键词。是的，智能时代来了。这一切大概都是从阿尔法狗战胜人类开始的，我们突然认识到，这个曾经在科幻小说中的概念来到了生活里。随后，忽如一夜春风，涌现出各种各样人工智能的概念和应用场景。

不管别人怎么说，自己怎么看，保守也好，创新也罢，总之，智能时代来了，就摆在我们财务人的面前。接受也好，不理解也罢，它已经在改变着我们曾经熟悉的那个财务管理世界。走出象牙塔，打开思想看世界，或许是我们更好的选择。

一、人工智能正在改变世界

事实上，人工智能的出现如同所有新事物一样，都经历了量变到质变的过程，只是我们认识到它的到来迟钝和突然了一点。让我们先回顾一下人工智能的发展历程，再看看它是如何一步一步进入财务视野的。

人工智能的科学定义源自1950年，计算机科学的奠基人阿兰·图灵（Alan Turing）在《思想》杂志上发表论文《计算的机器和智能》，提出了人工智能的概念。如果用一台计算机和人做问答游戏，计算机对面的人并不知道自己和谁在聊天，如果计算机骗过了这个人，让他认为对方是人类而非计算机的话，就可以说计算机实现了人工智能。这的确是以一种非常通俗易懂，并且容易验证的方式定义了人工智能。而今天，要做到这一点并非很困难，比如微信里经常被大家拿来晒聊天记录的聊天机器人，就几乎达到了以假乱真的程度。

20世纪70年代，出现了一种基于数据和统计学的研究思路，科学家们发现可以通过对大量数据输入和结果的关系统计，让计算机达到类似于人学习的效果。

早期，基于数据和统计的模式并无法带来具有商业价值的应用，原因很简单，一是数据不够多；二是计算能力不够强。这两个因素制约了人工智能的发展。而今天，大数据技术的快速发展，以及云计算对计算能力的大幅提升，打破了这两个因素的约束，终于，人工智能出现了质变的突破。

因此，从这个角度来说，现代人工智能的发展和大数据的关系异常紧密。相信大家对大数据都不再陌生，可以说，大数据是人工智能技术的核心与基础，智能时代的背后是数据时代，而数据处理恰恰又是财务人的核心能力。当然，仿生学的研究并未停滞，用计算机模拟人的神经元，并组建神经网络的研究还在一直进行中，也取得了一定的成绩。未来必然会出现再次的量到质的改变，这也是值得期待的事情。

智能时代的到来在改变着世界，这种改变在以肉眼可见的速度进行着。不知从何时起，当你打开淘宝时，各种推荐自动出现，并且随着时间的推移，智能推荐的结果越来越贴近你的需求；无人驾驶汽车开始出现，能够基于实时采集的路况数据进行智能驾驶；智能医生可以根据你的身体数据自动开具处方；智能投资顾问可以让你远离复杂投资方法的困扰，帮助你进行资产管理。你会发现，智能化已经触及生活的点点滴滴，并且给人们的生活带来极大的便利。

二、智能时代也在改变财务

在智能时代已经明确到来的时候，财务管理又是怎样的呢？趋势的力量是不可抗拒的，尽管绝大多数的财务人还没有意识到智能时代会带来怎样的影响，但它实实在在地已经来了，并且在潜移默化地改变着财务。

在当下的人工智能领域，大数据是其重要的构成部分，而进一步的机器学习则带来了更多的发展和突破。如果把仿生学的人工智能称为1.0模式，那么大数据即为人工智能的2.0模式，机器学习是人工智能的3.0模式。未来，还会有人工智能的4.0模式、5.0模式……最终人工智能达到并超越人脑的思维能力将成为可能。

在这里并不是从技术角度来研究人工智能，而是更关心智能时代下的财务架构会发生怎样的改变，进而看到智能时代给财务组织带来怎样的模式改变，给财务人带来怎样的认知升级，给财务信息化带来怎样的技术提升，给各种财务管理专业领域带来怎样的场景创新。

（一）智能时代带来财务组织模式的变革

财务组织本身一直在进化和演变中，与技术的发展相匹配，智能时代的财务在组织层面从战略、专业、共享、业财四分离阶段进化到外延扩展阶段。在这个阶段，财务组织将具备更多与智能时代特征相匹配的新职能，如大数据分析、智能共享运营等。财务组织将从刚性运营向柔性运营改变，为业务提供更加丰富和灵活的支持。

在智能时代，财务组织的核心特点是与云计算、大数据、机器学习、区块链等技术进行协同。一方面，智能时代的新技术需要有配套的财务组织进行维护，如负责财务数据管理和维护的数据运营团队、具备学习算法能力的财务建模团队等；另一方面，财务需要拥有能够运用智能技术的团队，如基于大数据的智能风险控制团队，以及能够运用大数据进行资源配置预测的新型预算团队等。由于智能技术的人才及相关资源还没有普及，财务组织的转变难以一蹴而就。在智能时代，合理路径应当是前瞻性的组织架构变革先行，人员培养和获取随后跟进，最终建立新型财务组织。

（二）智能时代带来财务人的认知升级

未来有三类财务人员会受到巨大的冲击，也必须面对认知的升级。

第一类是财务高级管理人员，如CFO或财务经理。他们是整个财务组织和财务团队的灵魂，与业务的衔接也最为紧密。在他们的认知框架里，数据和信息化的重要性比重必须显著增加。一方面，一个没有大数据思维和算法思维的管理者将是不合格的，财务将无法应用新技术工具帮助企业提升价值；另一方面，作为业务的伙伴，当整个公司的经营都已经被智能化渗透后，如果财务还没有这方面的知识储备，面对的必须是不换思想就换人的窘境了。财务高级管理者需要深度理解公司战略在智能时代所做出的转变，并能够主动在经营分析、资源配置等领域给予业务更好的支持。

第二类是财务经营分析或预算管理人员。他们的传统价值在于驾驭数字，能够从中找到蛛丝马迹，为业务部门提供经营分析支持，或者通过预算、考核等手段推动业务改进绩效。但在智能时代，更多经营改进的建议应当是通过人工智能进行大量数据分析后提出的，通过分析大量历史数据，从相关性中探寻规律，给出很可能靠人无法发现的绩效改进线索。而在预算管理上，资源配置的基础将由智能分析提供。对这一类人员来说，其曾经引以为豪的数字加工能力、数字敏感性等不再重要。如果要成为有价值的2%的人，就必须重新构建自身能力，在大数据、机器学习等方面掌握业务建模的能力。

第三类是会计运营人员，包括财务共享服务中心的员工。财务共享服务实现了流程的标准化和作业的规模化，将曾经具有技术性的会计核算转变成流水线作业。这本身也是顺应智能时代的需要而发生的重要改变。而在智能时代的后期，这种变化会进一步加剧，共享服务中心会将现有的审核作业进一步规则化，甚至是计算机通过机器学习的模式，在学习海量案例后自己形成作业规则。这样，在整个流程运营中，对人员技能的需求会进一步下降，会计运营人员有可能退化为信息录入人员，甚至直接被淘汰。而在这个过程中保留下的2%的人，将是有能力进行规则分析、流程设计和流程优化的少数人。

在智能时代，对财务人的认知改变是巨大的，也是残酷的。

（三）智能时代带来财务信息技术的晋级

智能时代对财务信息技术的影响最直接。在当前阶段，人工智能的核心是大数据和机器学习，而云计算又是支撑起大数据和机器学习的计算能力的基础，由此衍生出的区块链等新兴技术也会对财务管理产生重要影响。

在大数据方面，首先要求信息系统提升自身的数据采集和存储能力。大数据需要建立在高度的业财信息系统对接的基础上，财务信息系统将能够获取端到端的，更加全面、完整的业务及财务数据，并且能够支持非结构化的数据处理。同时，需要引入新的数据存储技术，并最终形成应用。

在机器学习方面，需要找到合适的机器学习切入场景，从技术层面简化实现的难度，让未来的财务管理人员有能力参与到机器学习建模的过程中，且应及早规划并积累可用于机器学习的财务管理场景的数据。没有数据的机器学习是没有应用价值的。

在云计算方面，一是需要充分利用云计算所形成的强大的机器学习算力，以实现技术的可行性；二是让云计算在基础设施服务、软件服务、平台服务等方面给企业财务信息化带来多种价值，如更低的财务信息化建设成本、更为灵活和快速的应用部署、依托云服务获取市场管理最佳实践等。

此外，区块链等技术的出现，有可能在业财一致方面带来突破，并在跨境交易等领域解决现有财务技术模式下的一些难题。

智能时代是技术革新的时代，对财务信息化来说，更重要的是保持技术的敏感性，敢于创新，创造更多的可能。智能时代已然来临，改变世界也在改变财务，抓住机遇，拥抱时代才是聪明人的聪明选择。

第二节　智能时代财务管理的新“逻辑思维”

智能时代的到来改变了财务组织、财务人的认知以及财务信息技术，但更重要的是改变了财务逻辑，来自逻辑层次的改变才是最终触达灵魂的改变。

一、财务组织与认知的新逻辑

财务组织与认知是财务主体的躯干与心智，当智能时代来临时，首先要强身明智，认识到财务组织与认知在智能时代的改变，是财务智能变革的基础。让我们从管控、组织、知识、观念四个关键词来看财务组织与认知的新逻辑。

（一）管控：局部与全面

现代财务管控受到组织壁垒的严重制约，从集团到业务板块，到专业公司，再到机构，每一个层次之间都存在着无形的数据壁垒。今天，当无法将人力直接渗透至最末端的时候，数据是我们实施集团管控的关键。而数据壁垒的存在，让管控的力量层层衰减。智能时代的数据将实现高度的集中和透明，数据无边界将成为可能。当数据壁垒被打破时，财务管控势必将从局部走向全面。这是智能时代管控的新逻辑。

（二）组织：刚与柔

现代财务组织建立在刚性管理的基础上，泰罗的科学管理理论将人看作“经济人”和“会说话的机器”，强调组织权威和专业分工。刚性组织依靠组织制度和职责权利，管理者的作用在于命令、监督和控制。而智能时代需要的是更多的能动与创新，“会说话的机器”将被人工智能这个“真的机器”所替代。在智能时代更需要柔性组织，柔性管理擅长挖掘员工的创造性和主观能动性，依靠共同的价值观和组织文化调动员工的高层次主导动机，实现智能时代管理所需要的跳跃与变化、速度与反应、灵敏与弹性。这是智能时代组织的新逻辑。

（三）知识：纵与横

现代财务管理对财务人的要求首先是专业的纵深能力。由于财务管理本身涉及会计、税务、预算、成本等多个垂直领域，很多财务人常年围绕一个纵深领域从事工作，也因此形成了自身在某一领域很深的专业能力。但在智能时代，财务管理的视野将被极大地打开，人工智能能够辅助强化财务人的知识深度，而更多需要的是具有横向宽度，能够进行跨专业领域协同创新的新知识体系。在智能时代，适度的纵深，积极的横向拓展，形成的 T 字形知识结构将更具有价值。这是智能时代知识的新逻辑。

（四）观念：被动与迎接

如今财务人的观念多数在潜意识中还是偏重被动的，在现今社会，财务人被认为且自己也认为需要用严谨的态度去处理和解决问题。管理层和业务部门也常常会认为财务是后台角色，做好自己的事情，有问题能解决就可以了。这些都是典型的被动观念和思维。在这种认知和定位下，财务能够掌握的资源就会极其有限，难以起到很好的管理推动作用。在智能时代，将更多地强调财务基于大数据和智能分析的主动发现和管理能力。对财务来说，要实现这样的观念转变，就需要逐渐转向强势财务，从被动响应变化转变为主动迎接挑战。这是智能时代观念的新逻辑。

二、财务管理技术的新逻辑

管理技术是财务主体的脉络。好的管理技术能够让财务主体运转得更具活力，并焕发出青春的能量。财务管理技术的逻辑转变将让财务能够触及更为广阔的管理技术领域，获得更加先进和更有价值的管理技术工具。让我们从数据、计算、记录、流程、互联五个关键词来看财务管理技术的新逻辑。

（一）数据：小与大

传统的财务数据处理和数据分析都是建立在结构化数据基础上的，也可称为“小数据”。这也是我们最擅长的领域。传统财务分析领域的技术工具也多是基于“小数据”开展的。对财务来说，即使在智能时代，“小数据”也仍然是不可舍弃的核心，毕竟太多的财务管理理论都是构建在结构化数据基础上的。但对我们来说，在手握“小数据”工具的同时，还要高度重视大数据。基于大数据的技术工具，让海量非结构化数据处理成为可能，这能够帮助我们跳出传统思维的局限，探索出一片广阔的新天地。这是智能时代数据的新逻辑。

（二）计算：本地与云端

传统的信息系统或者说计算多是构建在本地部署基础上的，从用户的角度来看，本地部署模式能够更加灵活地匹配我们的管理需求，更好地支持按需建设。但随着本地部署量越来越大，所带来的负面影响是持续高昂的运维成本的投入，以及企业大量资产的占用。但这些在传统时代由于算力有限，并非不可容忍之痛。而在智能时代，大数据和机器学习对算力的要求都是海量的，传统的本地部署模式势必受限，云计算将成为首选，无论是公有云、私有云还是混合云，走向云端将成为必然。这是智能时代计算的新逻辑。

（三）记录：集中与分布

传统财务信息的记录采用的是集中记录的方式，或者说“有中心”的记录方式。这种方式的好处是数据存储量小，不会产生大量的资源消耗。但问题是，数据的安全性及一致性并不是很高。因此，很多公司常见的财务问题是业财不一致，或者可以解释成不同系统之间的同源数据不一致。而在智能时代，随着区块链技术的出现，记账方式发生了革命性的改变，从原来的集中记账转变成分布式记账，将财务信息进行去中心化的多账本同步记录。尽管这种财务信息记录模式会造成大量的数据冗余，但网络和存储的快速进步克服了这一不足，信息记录从集中到分布将有越来越多的应用场景。这是智能时代记录的新逻辑。

（四）流程：稳健与敏捷

为保持传统财务端到端流程的可靠性，大家更多的是进行流程固化。在业务流程相对稳健的模式下，流程的可靠性和维护的便利性得到增强，但丧失了较多的流程灵活性，以及对客户需求响应的可能性，从而带来客户满意度的下降。在智能时代，更为高效的流程引擎能够支持维度更加丰富的流程控制，并且能够基于动态数据分析及时调整流程控制参数。同时，流程中智能自动处理的环节在增加，流程变动并不会给运营造成过多压力。在这种情况下，适度地将流程从稳健向敏捷转变成为可能，也将会赢得财务客户的青睐。这是智能时代流程的新逻辑。

（五）互联：数联与物联

传统的财务关注数字之间的联系，无论是流程处理还是经营管理，都更多地关注数字流转。数联时代帮助我们将一系列的经营管理过程及流程转换为数字形态，从而可以展开量化管理。而在智能时代，我们可以在数联的基础上叠加物联的概念。随着物联网应用的逐渐展开，在企业经营中关键实物、运输、人、财务凭证等的流动都可以打上物联标签，而将物流信息进一步转换为数字信息，让我们可以通过数字进一步分析，引入在没有物联时难以关注到的管理视角，如更为复杂的物流运输的成本管理等。物联并不是排斥数联，这里强调的是将物联转换为数联，在数联里加上物联的信息。这是智能时代互联的新逻辑。

三、财务管理实践的新逻辑

管理实践是财务主体的手足。手足敏捷能够帮助财务主体变得更加刚劲有力。财务管理实践的逻辑转变，能够让我们在实践工作中引入不同的视角，通过另一种模式对现有的实践进行转换和升级。让我们从绩效、预算、管会、控本、业财、共享、财资七个关键词来看财务管理实践的新逻辑。

（一）绩效：因果与相关

在传统的财务管理中绩效管理通常会预先设定因果，通过设定关键绩效指标（KPI），并设定目标值来监控业务部门的执行情况。当KPI结果发生偏离时，势必要找到其原因，再进一步寻求解决措施。这是典型的因果分析法，也是当下主流的绩效管理思维。但在智能时代，大数据并不强调因果关系，而是更关注相关性。这为经营分析打开了另一扇窗。基于大数据分析，我们从数据角度去找到影响KPI偏离的因素，并获得其影响方向，直接对这些因素进行干预管理，不解释为什么，不用向业务部门说明其中的逻辑。这是智能时代绩效的新逻辑。

（二）预算：经验与数配

传统的预算编制或资源配置往往基于经验，即使采用复杂的作业预算概念，其中的业务动因也大多是基于经验形成的。因此说传统预算是一种经验预算是不为过的。这种经验预算对预算编制人员的经验要求很高，且其结果很不稳定，往往在预算沟通过程中会有很大的弹性和空间。同时，沟通双方都很难找到合适的逻辑说服对方。而在智能时代，依靠大数据的可预测性，通过分析数据，从结果出发，能够找到影响经营结果的热点因素。通过确定这些热点的资源投入，实现精准预算或精准资源配置，我们称为数配。这是智能时代预算的新逻辑。

（三）管会：多维与全维

传统管理会计的核心部分就是维度，而维度往往又是很多管理会计人的痛苦回忆。在当前模式下，管理会计要实现多维度盈利分析的目标，关系型数据库的性能早已无法支持，多维数据库成为当下管理会计系统数据载体的主流。即使这样，在管理设计中，大家对维度也仍然极其谨慎，减少一切不必要的维度，以提高运行效率。而在智能时代，无论是算力还是数据处理模式都将可能有更大的提升空间。尽管在当下还没有看到技术突破至理想的状况，但相信在不久的将来，维度的组合计算将不再是业务设计的约束，全维管理会计将成为可能。这是智能时代管理会计的新逻辑。

（四）控本：后行与前置

传统的成本管控往往是在成本发生后进行的事后追踪。即使往前推进一步，做到设计阶段的成本管理，这样的成本管理方式在现阶段也是必要的，是能够发挥作用的。但随着智能时代技术的进步，成本、费用被细分为每一个子类，针对不同子类都可以进一步向前延伸，建立专业的前端业务管理系统，如商旅管理系统、品牌宣传管理系统、车辆管理系统、通信费管理系统等。这些前置业务系统和财务系统之间进行无缝衔接，将成本费用的管理前置到业务过程中。这是智能时代控本的新逻辑。

（五）业财：分裂与融合

传统的业务系统和财务系统之间存在一定的分离情况，业务系统通过数据体外传递的方式完成和财务系统之间的数据对接。而近年来随着业财融合的深入，出现了单个业务系统在体内自建会计引擎，并对接财务系统的模式，但多个系统之间仍然是分裂的。

在智能时代，随着会计引擎应对复杂性能力的提升，将能够逐步建立起大型企业内部统一的会计引擎，并作为载体融合多个前端差异化的业务系统，进而实现业财对接从分裂到融合的转变。这是智能时代业财的新逻辑。

（六）共享：人工与智控

当下的财务共享服务采用的是典型的劳动密集型运营模式，将分散的财务作业进行集中处理。这种模式的建立在过去十年内极大地解决了国内企业在会计运营成本和管控能力上所面临的问题。但也要意识到，劳动密集型运营本身也存在着成本和操作风险。在智能时代，基于人工智能和机器学习的共享作业将逐渐取代依赖于人工作业的模式。基于前端数据的丰富采集，依托智能规则，可以大幅降低财务共享服务中心的作业人力，从劳动密集型运营转变为技术密集型运营。且依托人工智能，可以实现在智能作业时开展更加丰富的智能风控。这是智能时代共享的新逻辑。

（七）财资：平面与立体

在传统的财资管理系统中更多的是平面化的财资管理，所谓的平面化是指将财资管理的重点放在账户管理、资金结算、资金划拨、资金对账等交易性处理流程上。这也是很多国内企业目前资金管理水平的基本状况。而在智能时代，随着对复杂的资金管理模式技术支持能力的增强，财资管理将从平面走向立体，一方面，财资管理从交易处理模式转型为复杂的司库模式，在资产负债和流动性管理、风险管理领域开展更为丰富的实践；另一方面，财资管理从企业内部资金管理模式向供应链金融模式转变，构建起多维度立体的财资管理体系。这是智能时代财资的新逻辑。

以上就是我们提出的智能时代财务管理的新“逻辑思维”，也是构建智能时代财务管理体系的思想基础。可以看到，智能时代对财务的影响已经全面到来。从思想基础上做好准备，我们才有可能拥抱这个大时代的到来。

第三节　智能时代正在改变财务的新商业经济

智能时代的来临让我们每一个财务人都感受到了它的影响，并且推动财务人形成驱动自我进步的新“逻辑思维”。多年后，我们很可能会为今天所发生的变化感慨和惊叹。与此同时，智能时代对社会的改变远不止于此，它正在用自己的方式推动着整个社会的革新与进步。而作为社会中非常重要的一环，商业也正在发生改变。我们一起来看一看智能时代正在出现什么样的新商业经济，以及这些新商业经济又是如何给财务的未来带来改变的。

那么，什么是新商业经济，可以将它理解为一些能够改变商业模式和商业行为的新的思想观点。在这些新的思想观点的背后，往往能够带来广泛的社会影响和大量商业模式创新的机会。我们在这里要谈到三点：共享经济、跟踪经济和合作经济。一方面，帮助与本书共同思考财务未来的朋友们深入理解和认识这些新的商业经济思维；另一方面，从这三个新商业经济思维的视角去发现可能改变财务的机会。

一、共享经济与财务

共享经济，一种相对通俗的理解是一方把闲置资源的使用权拿出来，另一方通过付费的方式来获得使用权，在这个过程中，拿出资源的一方获得收益，使用资源的一方通过用类似租赁的方式，实现低成本和便捷的资源使用，这个过程形成经济循环。

从这种理解来看，共享经济似乎与分享经济极其相似，都以闲置资源或者冗余资源的共享利用为核心。共享经济的思想的确驱动了非常多的商业实践，如旅行住宿共享、物流共享、交通共享、闲置用品共享等商业模式都是共享经济思想下的产物。而在这种思想的影响下，财务领域也出现了一项非常重要的创新实践——“财务共享服务”，它解决了财务人力资源在分散模式下冗余浪费的情况，并实现了人力资源的共享。

但随着我们对商业经济的观察，将发现一个问题，似乎并不是所有的依托闲置资源的共享经济模式都能够获得成功，也有不少成功的共享经济案例超越了闲置资源共享的概念。

对于闲置资源共享的共享经济模式来说，一个极大的挑战是资源互通共享中存在的共享成本。比如，要把大家手中的闲置图书拿来共享，并形成商业模式，就要考虑闲置图书在流动过程中的物流成本和沟通成本，这可能很难将人们从直接购买新书的商业经济转变到闲置图书共享经济的模式中来。

另一些并非基于闲置资源共享的新共享经济模式似乎取得了更大的成功，并值得我们借鉴。最为典型的是滴滴打车，还有现在非常流行的共享单车。如果仔细研究就会发现，这两种模式实际上都不是在使用闲置资源，比如滴滴打车所带来的是社会上大量的人员购买了新车加入滴滴司机中来；共享单车也不是使用人们家中闲置的自行车进行共享，而是向市场上投放了大量的新自行车。这两种模式并没有使用闲置资源，但又都属于共享经济，其本质是通过新增平台化工具和资源，实现新增资源的共享，并以此来激发和创造出新的用户使用需求。如共享单车，在这种模式出现后，原本并不热衷于自行车的社会突然间对自行车的使用量呈现现象级的上升。

基于增量资源实现共享经济的核心在于：打造新的工具或资源平台；共享新的工具或资源；基于以上条件创造新的用户需求。

在这样的新共享经济思维特点下，财务管理或财务服务市场可以从一些新视角进行思考。尽管我们说财务共享服务模式在过去十年间是一项非常重要的创新实践，但也要认识到，这仍然是建立在传统共享经济思维模式下的。

（一）集团财务领衔进行技术平台投资和创新的增量共享经济

在增量资源共享思想的指导下，集团化企业不妨考虑实现一种集中投资先进技术平台，提供给集团内下属各个子公司使用的共享经济模式。

在这种模式下，对于集团来说，投入了一笔增量资源，这些资源将用于技术研发，研发取得的成果以较低的成本提供给各个子公司使用，让那些本身并没有太多想法和能力使用财务新技术或进行财务创新的专业公司，也有机会迈入财务技术革新之路。这样，就如同在市场上投放了一大批共享单车，让那些原本没打算骑车出行的人群改变习惯，开始骑车出行。

事实上，智能时代正在改变财务的新技术，如大数据、云计算、人工智能、区块链等领域的研发投入都是非常巨大的，如果仅仅依托子公司的资源实现起来难度很大。而集团财务基于共享经济的思路进行建设，将使作为用户的子公司更加积极主动地发现和创造自身的财务管理创新需求，从而带来整个集团管理水平的大幅提升。

（二）用高品质中小企业财务共享服务提升代理记账市场

在国内的中小企业财务服务市场中，大量良莠不齐的代理记账公司占据着主要位置。这就如同在滴滴出行模式出现前的出租车市场，既有规范运营公司的出租车，也有大量的黑车，整个市场混乱不堪，用户也难以得到好的服务。而滴滴出行的出现，通过共享平台的方式，定义了新的准入标准、新的调度方式，将这些各种各样的资源进行了有效的共享整合，并且在标准化体系中引入了大量的新的专车司机，使得整个市场在标准日趋规范的情况下，扩大了整体用户规模。

而未来的代理记账市场，同样需要类似于滴滴出行的财务共享服务平台，通过规范代理记账行业的服务标准、信用体系，并能够依托信息系统进行供需关系间的服务撮合。在这个基础上，引入更多高品质的财务服务商，势必将使得整个服务市场更加规范，并推动用户在简单的记账需求基础上衍生出对财务服务商在税务、财务制度、财务管理、经营分析等方面全方位的业务需求，实现增量共享经济。

二、跟踪经济与财务

在智能时代第二个重要的商业经济是跟踪经济。顾名思义，跟踪经济的含义是在对某一个事项跟进追踪的过程中挖掘商业价值。实际上，在过去近二十年的时间内，跟踪经济一直都在发挥作用，并且在经历着时代的变迁。

早期的跟踪经济建立在基于 PC 的互联网基础之上。接下来的跟踪经济建立在基于手机，特别是智能手机的移动互联网基础之上。而智能时代的跟踪经济则建立在物联网基础之上。

基于 PC 的互联网跟踪经济能够实现的跟踪范围是有限的，通常无法超出计算机的物理位置，在这种情况下，当用户访问互联网时，互联网能够记载用户的登录地点和访问时间，我们可以结合这两项信息做一些简单的商业模式的挖掘，如简单的行为习惯分析、消息推送等。

基于移动互联网的跟踪范围能够从 PC 的固定位置扩大到人在移动时的动态位置。这一跟踪范围的突破，使得商业创新也得到了突破。通过对人移动位置的记录，发展了在高德地图的人车定位、美团外卖的送餐小哥位置定位、滴滴出行叫车时的乘客定位、移动考勤签到等多个方面的丰富的应用。

而第三个阶段的跟踪经济，则建立在智能和物联网基础之上，在这个阶段中，物联网能够通过结合多种跟踪设备与智能时代的高运算能力，实现对人 / 物的位置、时间、行为的全方位分析。这种分析能力使得跟踪经济的商业模式出现爆发式增长。我们重点对这一阶段的跟踪经济进行探讨。

（一）跟踪经济的发展特点

那么，在跟踪经济的发展历程中，又实现了怎样的发展特点呢？我们归纳了三个方面：智能物联阶段的跟踪设备在丰富；智能物联阶段的分析能力在提升；智能物联阶段的商业应用在进步。

1. 智能物联阶段的跟踪设备在丰富

在智能物联阶段，跟踪方式得到了丰富的拓展。首先，智能手机仍然是跟踪的重要工具之一，但跟踪的精度和时效性都较以往大幅提升，可以说能够做到准实时的位置定位。其次，无线射频技术（RFID）的低成本广泛应用使得对物体的大范围跟踪成为可能。最后，智能穿戴设备的普及，使得使用手机跟踪时的不足得以弥补，如游泳、睡眠时不适合使用手机跟踪的场景都找到了新的跟踪方式。

2. 智能物联阶段的分析能力在提升

随着跟踪设备的丰富，所能够采集的跟踪信息也呈现几何级数的上升。在这种情况下，对数据分析时计算能力的要求大幅提升，好在智能时代基于云计算技术以及计算机本身算力的提升、大数据技术的发展，使得应对这样的大数据分析成为可能。在智能物联阶段，我们已经不再受到算力的约束，可以精选数据进行分析，并且可以对采集到的海量数据进行充分应用，如实现跟踪物体的每一次移动、人体的每一个动作等细微的场景。

3. 智能物联阶段的商业应用在进步

智能物联在商业上的应用受益于跟踪设备的丰富和分析能力的提升。如共享单车实现了移动手机和共享单车中定位芯片的组合跟踪，并形成了新的商业模式。再如在电子商务中，对商品出厂后的完整的移动路径可以实现跟踪，使得商品造假的难度大幅提升，用户可以轻易地完成商品的寻源查询，特别是对于一些单品价值较高的网购商品，能够轻易地识别其是否存在异常，如用境外商品充当国行的情况。

（二）基于跟踪经济思维对财务的启示

对于财务来说，当跟踪成本大幅降低后，广泛地应用跟踪技术来提升财务管理的水平将成为可能。跟踪经济最重要的是能够提供大量财务所需要的核算、风控、分析的辅助支持数据，而对这些数据的充分应用，将解决不少在传统财务模式下难以解决的问题。

1. 解决存货、生物资产等的管理、核算、审计问题

在传统财务模式下，对于存货的管理往往需要依赖于大量业务信息的输入，无论是对于企业自身的财务，还是外部的审计师来说，这些业务信息输入的可靠性都需要进行验证。企业发往海外的产品备件被闲置在海外的仓库中多年无人问津，从而给公司造成巨大的损失，在财务上也难以反映实际情况。对于生物资产来说，采用传统的管理模式则更加困难，比如如何盘点移动中的羊群。而跟踪经济能够对这些问题的解决提供很好的方法，如基于跟踪芯片，能够轻松地完成对存货、生物资产的实时跟踪。

2. 解决合同、印章、银行账户 UKey 等重要风险物品的管理问题

在财务管理过程中，合同、印章、银行账户 UKey 等都是风险较高的物品，在传统模式下对这些物品的管理难度很高，也容易发生财务操作风险事件。而在跟踪技术下，通过在合同、印章和银行账户 UKey 中直接附加跟踪芯片，能够实现对这些高风险物品的精准风险管理，如这些物品和保管位置之间的预警管理，当物品距离保管位置达到预

警距离时将直接触发报警。而结合保管柜的权限管理系统，能够实现这些高风险物品被使用的具体场景的还原，能够回答诸如“谁？在什么时间？用过什么。”的风险管理问题。

3. 实现基于丰富的跟踪场景的经营分析和业务财务管理

在传统的经营分析和业务财务工作中非常大的挑战是财务和业务之间存在距离，尽管一直强调财务要深入业务，但很多时候，客观情况使得我们难以深度做到这一点。这使得财务分析很容易浮在数字层面，而难以深入问题的本质。跟踪经济能够在某种程度上优化这一情况，随着智能物联的发展，业务部门本身存在采用物联网管理的强烈动机，而当整个社会发展到一定阶段后，物联网必将形成社会的统一规范。这个时候，财务应当积极地将物联网背后的大量信息引入使用，并且有可能打破自身企业的边界，结合整个供应链中的物联信息去获得更为广泛的数据基础。在此基础上，财务的经营分析和业务财务工作能够获得与业务部门相对平等的信息透明度，财务业务一体化得以深度实现。

三、合作经济与财务

最后要讲的一种经济形态叫作合作经济。合作经济貌似很好理解，但很多时候大家的理解可能也不够充分，这就会导致后续在进行商业模式创新时难度提升。

人类一般意义的合作行为源远流长。但是作为一种特殊的社会经济组织现象和合作方式，合作经济是近代社会的产物，是人类社会发展到资本主义阶段后才出现的。合作经济思想开始于空想社会主义。

当然，今天我们在谈合作经济的时候已经有了新的演变。当下，一个非常广泛的使用合作经济的概念是“互联网 +”。对于这个概念来说，希望做到的是将互联网与某一个概念进行组合，从而形成一种新的商业模式。部分模式已经取得了比较好的应用成果，如互联网金融等，其为社会带来了巨大的价值共享。但很多时候，这种组合并没有产生很好的效果，如“互联网 + 上门洗车、上门美甲”等模式都没有取得预期的效果，原因在于有不少所谓的商业创新是强行相加。而在合作经济下，不仅仅局限于“互联网 +”的模式，还可以回退一步看看“+ 互联网”的模式，在这种模式下，如金融行业充分利用互联网工具，同样能够使行业迸发出新的生命力。

在合作经济模式下，我们可以更多地关注“传统产业”+“新技术工具和商业思想”的组合，无论谁加谁，都可能出现创新。

对于合作经济与财务来说，大的方向应当是将财务传统的业务模式与智能时代的新技术进行充分的结合应用。

但在这里，笔者想深入地谈一谈作为市场上提供财务服务的厂商，如何参与到这样一场时代性的合作中来。实际上，在财务与技术的合作中非常核心的一环是技术能力，对于有不同技术能力的市场参与者来说，其面对的选择可能是不一样的。

（一）有技术实力的参与者

在这一场合作中，有一类财务服务提供商是有可能成为“财务＋技术”中技术端的主导者的，如Oracle.SAP，对于国内市场来说，用友、金蝶等传统财务信息化厂商也有这样的可能。而另一些大数据、云计算、人工智能等技术领域的主导者，如BAT、平安，也可能成为这一场合作的重要参与方。对于它们来说，需要的是充分发挥自身的技术优势，深度参与到技术端的合作中去，并从技术角度设法驱动一些商业模式的出现。但不得不说，这仍然是少数人的游戏，对于绝大多数财务服务市场的参与者来说，都是没有能力去扮演好这个角色的。

（二）应用技术的“摆渡人”

在智能时代，如果对于绝大多数厂商来说无法成为那一小部分技术主导者，那么不妨看清楚自己的身份和定位，换个角色，积极地成为应用技术的中间人。

对于多数企业财务来说，实际上在这场“财务＋技术”的合作中很难扮演好自身财务端的角色，但并不是说我们不懂财务，相反，这是我们的老本行，是最擅长的领域。难点在于，如何将传统财务领域与新技术进行思想和技术层面的创造性衔接。对于技术端来说，它们更多的是在提供一种工具和平台，而如何将这些工具和平台应用到财务领域，很多时候这些“巨无霸”已经并不在意了；而对于在技术上并不擅长的财务人来说，去创造性地寻找二者的结合点也是很有难度的。这个时候，市场上的财务服务商不妨考虑将自身定义为结合传统财务和技术的“摆渡人”的角色，通过帮助财务应用新兴管理技术来实现自身的价值，这可能是财务领域合作经济的更好的模式。

第二章 企业财务信息化规划与创新实践

第一节 信息技术对企业财务管理的影响

随着时代的发展和信息技术的进步，大数据、云计算、区块链等智能技术正迅速改变着整个社会和商业环境。企业财务作为企业的重要组成部分，也需要创新求变，进行信息化规划和实践。

一、网络信息技术对企业经营环境的影响

近年来，网络信息技术不断发展并得到了普及应用，网络信息技术对各行各业都产生了影响，同样对人们的思维方式和生活习惯也产生了影响，这当然对原有的经济形态也产生了一定影响。虽然商业的本质不会发生变化，但是网络信息技术会成为催化剂。产业价值链的各个环节，以及企业经营各个层面都有可能被网络信息技术改变。

（一）网络信息技术改变人们的价值观念和行为模式

互联网作为一个信息流动的平台，逐渐形成了固有的文化属性。互联网作为人们长期浸淫其中的虚拟社会，形成了独有的网络伦理文化特征，具有虚拟性、匿名性、快捷性、开放性等特点，互联网提供的资源在空间上重塑了人们的活动场所，在很大程度上改变了人们的价值观念和行为模式。

（二）网络信息技术改变人们的生活方式

互联网是人类社会有史以来第一个全球性论坛组织形式，世界各地数以亿计的人们可以利用互联网进行信息交流和资源共享。电脑网络切入人们的私人生活和公共生活领域使人们的生活方式出现了崭新的形式，包括购物方式、阅读方式、学习方式、工作方式等。

（三）网络信息技术重构社会结构

互联网促进了社会利益结构多元化的发展，改变了原有的社会分层结构，导致社会群体的关系更加复杂。传统社会结构中各社会要素垂直的结构形态发生了变化，网络

社会结构不再以传统意义上的社会结构形态进行分层，而是重新依据兴趣、爱好等方式进行重组。

（四）网络信息技术模糊了学科边界

工业革命的社会化大生产促进了社会的细致分工，在这种分工制度下人们成为流水线上的螺丝钉，这需要的是专家式人才。信息借助互联网以前所未有的广度和深度流动起来，行业壁垒在信息洪流冲击之下无比脆弱，行业融合、领域交互成为新趋势，过去小范围家庭、组织内部的知识传递，变成了现在无国界的网络社交互动。不同思想的交流碰撞，在学科边缘、行业边界之上不断地摩擦出创新的火花。未来随着互联网普及将涌现出越来越多的“跨界人”。

（五）网络发展带来的产业痛点

随着网络和信息技术的不断发展，商业模式从消费互联网时代的眼球经济发展到产业互联网时代的价值经济，但无论最后采取什么样的商业工具和商业模式，最重要的还是能否提供更好的品质、性价比和服务体验问题。就目前发展而言，我国的产业互联网还存在着以下痛点，痛点之处就是最好的商业机会所在。

1. 信息安全和支付安全问题亟须解决

互联网的连接与聚合能力提升，对人类社会的影响巨大，网络信息技术近年来也不断发展，但是硬件、互联网等各个方面存在的安全隐患也与日俱增，这些问题如果不能得到解决，一方面会对互联网造成巨大的破坏，另一方面也会影响用户对互联网使用的信心。网络安全主要集中在信息安全与网络支付安全两个方面。

2. 网络基础设施建设亟须完善

（1）加强建设数据基础设施

应加大政府对互联网数据资产管理的重视程度与力度，主要是适度的合理开放，条件成熟时设立数据资产交易所机制，促进数据资产的交易。

（2）加强建设网络基础设施

对于网络基础设施，主要就是网络的进一步普及和网速的提高。

（3）建立并完善网络统一标准

对于互联网标准接口的基础设施工作而言，重要性则在于让大家研发的产品能互相兼容，相互适配。因此，应建立统一的标准，促进开放与协作。

我国在基础设施建设方面投入巨资，在拉动我国经济增长的同时也对改善投资环境起到了巨大的促进作用，但是在互联网基础设施投入方面，还不够重视，今后应加大该方面的投入。

二、信息技术对企业财务管理的影响

近年来，随着信息技术的发展，其逐渐对企业管理的各个环节产生影响，财务管理作为企业管理核心内容之一，当然也受到了信息技术的影响。信息技术带给财务管理的变化集中表现在两个方面：一是信息化背景下，企业财务管理面临的环境发生了深刻的变革，市场竞争日趋激烈，知识经济初见端倪，企业管理面临的需求、需要解决的问题、解决问题的条件和方法都随之发生变化，从而激发了新的企业财务管理模式的产生，与之相适应，企业财务管理的内容、范围、方法也必须做出相应的调整。二是信息技术的广泛应用为财务管理职能的发挥提供了理想化的平台，特别是信息技术的日趋成熟，为财务管理提供了更多解决问题的途径，拓展了财务管理的手段。两者相辅相成，共同推进财务管理理论和实践的发展。

（一）信息技术对企业财务管理实务的影响

财务管理实务指的是应用财务管理理论，实现财务决策与财务控制的全过程。信息技术对企业财务管理实务的影响体现在对财务控制手段、财务决策过程和财务管理内容三个方面的影响。

1. 对财务控制手段的影响

传统的财务过程，要经历“记录—汇总—分析—评价—反馈—修正”这样一个较长的过程，在科层制组织中，控制过程远远滞后于业务过程，使控制难以发挥真正的作用。在信息化环境下，控制程序实现了与业务处理程序的集成，实时控制成为财务控制的主流手段。

2. 对财务决策过程的影响

一般情况下，可以将财务决策的过程划分为四个阶段：情报活动、设计活动、抉择活动和审查活动。信息化环境下，上述四个阶段均发生了根本性变革。

（1）情报活动发生的变化

情报活动不再是单纯地收集决策所需的数据，而是经历“风险评估—约束条件评估—数据获取”三个阶段。风险评估首先对决策目标及实现决策目标的风险进行合理的估计。约束条件评估则是确定实现该决策目标所受到的各种外部环境的制约，明确为了实现该目标，可以使用的资源有哪些。数据获取则避免了手工数据的整理过程，借助于信息化平台，可以大量获取所需的数据，并依靠数据仓库技术，直接获取有价值的支持决策的数据。

（2）设计活动发生的变化

传统的设计活动是指创造、制订和分析可能采取的方案。而在信息化环境下，这一过程实际上转变为依靠工具软件或财务管理信息系统建立决策模型的过程。

（3）抉择活动发生的变化

抉择活动是指从众多的备选方案中，按照一定标准选择最优的方案并加以实施。这一过程在计算机环境下可以得到最大限度的优化，利用计算机强大的计算能力，可以模拟方案的执行情况，从而实现最优化决策，决策的科学性大大提高。

（4）审查活动发生的变化

审查阶段要对决策进行评价，不断发现问题并修正决策。在信息化环境下，这一过程的执行提前到决策执行环节，也就是在决策执行过程中，同时完成对执行情况的跟踪、记录和反馈。

3. 对财务管理内容的影响

对企业个体而言，其主要的理财活动体现在三个方面，即筹资活动、投资活动和收益活动。相应地，也形成了企业财务管理的主要内容。信息技术环境下，它们仍然是财务管理的主要内容，但信息技术同时也扩展了财务管理的内容，主要表现在以下三个方面。

第一，信息技术促进了企业与相关利益者、银行、税务部门、金融市场之间的信息沟通，财务管理的范围也从企业扩展到相关的利益群体，诸如税收管理、银行结算管理等也成为财务管理活动中重要的一环。

第二，信息技术的发展，促进了新的管理内容的产生，如企业全面预算管理、资金集中管理、价值链企业物流管理等。

第三，现代企业在信息技术的支持下，形成了连接多个企业的价值链。在完成筹资、投资和收益决策时，企业不再是一个孤立的决策单元，而是价值链上整体决策的一个环节。因此，相关决策将更多地面向价值链整体最优。

（二）信息技术对企业财务管理基础理论的影响

西方财务管理已经有较长的发展历史，先后经历了筹资管理阶段、资金管理阶段、投资管理阶段和多元管理阶段。相应的财务管理理论研究的核心内容也在不断地发展变化。现代财务管理学诞生于20世纪50年代，相对于传统的会计理论，企业财务管理并没有形成稳定的、公认的财务管理理论框架体系，对一些问题的认知还存在较大争议。

一般来说，财务管理基础理论主要包括财务假设、财务目标、财务本质、财务对象和财务职能等。随着信息化进程的加快，财务管理基础理论受到了一定程度的影响，但并没有从根本上动摇财务管理的理论基石。这些影响主要表现在以下三个方面。

1. 信息技术对财务管理职能的影响

信息技术对财务管理职能最显著的影响，就是强化了其基本职能，也就是强化了财务管理的财务决策职能和财务控制职能。其中，财务决策是指根据企业的环境和应达到的目标，运用科学的方法，选择和确定实现财务目标的最优方案。财务决策包含三个基本的方面：筹资、投资和收益分配。在信息技术环境下，决策面临的环境发生了巨大的变化，决策将面临更大的风险。企业战术层面、战略层面的各项决策活动都需要信息技术的支持，实现由感性决策向科学化决策的转变；财务控制是指在决策执行过程中，通过比较、判断和分析，监督执行过程，并及时做出修正的过程。控制职能将在信息化环境下得到进一步强化，表现在控制范围扩展到企业的各个层面；控制手段借助于信息化平台进行；控制实现从事后向事前、事中的转移。

除此之外，随着信息技术的发展和广泛应用，还衍生出了财务管理的派生职能。主要包括财务协调职能和财务沟通职能。在信息化环境下，任何一个决策过程都可能涉及多个部门、多个领域，单纯的财务决策或生产决策都无法满足企业整体决策的要求。例如，在制订生产计划时，必须同时考虑财务计划的配合。也就是说，随着部门间横向联系的加剧，必须有适当的手段实现部门间、各业务流程间相互协调和沟通的能力，财务管理将更多地承担起这方面的职能。

2. 信息技术对财务管理对象的影响

财务管理的对象是资金及其流转。资金流转的起点和终点都是现金，其他的资产都是现金在流转中的转化形式，因此，财务管理的对象也可以说是现金及其流转。信息技术环境下，财务管理的对象并没有发生本质变化，影响主要表现在以下两个方面。

（1）现金流转高速运行

在网络环境下，现金及相关资产的流转速度加快，面临的风险加剧，必须要有合理的控制系统保证企业现金资产的安全和合理配置。

（2）现金概念的扩展

在信息技术环境下，网上银行，特别是电子货币的出现极大地扩展了现金的概念。此外，网络无形资产、虚拟资产的出现，也扩展了现金的转化形式。

3. 信息技术对企业财务管理目标的影响

财务管理最具有代表性的目标包括：利润最大化、每股盈余最大化、股东权益最大化和企业价值最大化。在信息化环境下，以企业价值最大化作为企业财务管理的目标是必然的选择。这是因为，企业是各方面利益相关者契约关系的总和。企业的目标是生存、发展和获利。信息技术环境使各方的联系日益紧密。在信息技术的推动下，电子商务开始普及，企业实际上是形成了多条价值链上的节点，单纯追求个体企业的利润最大化或股东权益最大化并不能提升整个价值链的价值，反而会影响企业的长期发展和获利。只有确定企业价值最大化的财务管理目标，才可能实现企业相关利益者整体利益的共赢。

（三）信息技术对企业财务管理工具的影响

在传统的财务管理中，主要依靠手工完成各项财务管理工作，财务管理处于较低水平。信息技术极大地丰富了财务管理手段，正是由于信息技术的大量应用，实际上促进了财务管理在企业中的应用。这一影响主要体现在以下三个方面。

1. 网络技术提供更好解决方案

网络技术不仅扩展了财务管理的内容，而且为财务管理提供了新的手段。传统方式无法实现的集中控制、实时控制都可以依托网络实现。分布式计算技术的应用，为财务决策提供了新的解决方案。

2. 数据仓库技术提高决策效率和准确性

数据仓库的广泛应用改变了传统的决策模式。数据仓库是一种面向决策主题、由多数据源集成、拥有当前及历史终结数据的数据库系统。利用数据仓库技术可以有效地支持财务决策行为，提高决策效率和决策的准确性。

3. 计算机技术提高数据处理能力

计算机的普遍应用提高了财务管理活动中的数据处理能力。利用计算机可以帮助用户完成较为复杂的计算过程，处理海量数据。大量工具软件的出现，可以帮助用户轻松完成数据计算、统计、数据分析、辅助决策等任务。

（四）信息技术对企业财务管理方法学的影响

1. 简单决策模型向复杂决策模型转变

传统的财务预测、决策、控制和分析方法受手工计算的限制，只能采用简单的数学计算方法。在信息化环境下，更多更先进的方法被引入财务管理活动中，如运筹学方法、多元统计学方法、计量经济学方法，甚至包括图论、人工智能的一些方法也被广泛使用。

2. 定性分析向定量分析和定性分析相结合转变

在传统的财务管理过程中，虽然使用过定量分析，但并没有得到广泛的应用。主要原因有二：一是计算工具的落后，无法满足复杂的数学计算或统计分析，同时缺乏工具软件的支持，使得计算过程难以掌握；二是缺乏数据库管理系统的支持，定量分析所需的基础数据缺乏必要的来源，或者是选择的样本过小，致使得出的结论产生误差。在信息化环境下，数据库管理系统的广泛建立，特别是相关业务处理信息系统的成熟，为财务管理定量分析提供了大量的基础数据。同时，利用工具软件可以轻松地完成各项统计、计算工作，定量分析不再是专业人员才能完成的任务。

3. 偶然性决策向财务管理系统化转变

系统论、控制论和信息论是20世纪40年代后崛起的具有综合特性的横向学科之一。系统及系统工程的思想、方法论和技术在20世纪70年代末传入我国，并于20世纪80年代达到了鼎盛时期，目前流行的新三论，即耗散结构论、协同论和突变论都是系统论的进一步发展。系统论是研究客观现实系统共同的本质特征、原理和规律的科学。系统论的核心思想是从整体出发，研究系统与系统、系统与组成部分及系统与环境之间的普遍联系。系统是系统论中一个最基本的概念。

财务管理也是一种支持和辅助决策的系统，企业财务管理方法是指企业在财务管理中所使用的各种业务手段。目前主要有财务预测方法、财务决策方法、财务分析方法、财务控制方法等。在很长的一段时间里，财务管理缺乏系统的观点进行分析和设计，往往只侧重于某一指标的获得或独立决策模型的应用；传统的财务管理方法面向独立的财务管理过程，缺乏系统性。需要解决的主要问题是临时性、偶然性的决策问题。在信息化环境下，要求按照系统的观点认识和对待财务决策及财务控制，即做出任何一项决策时，不能仅考虑单项决策最优，而应该更多地考虑系统最优；财务控制不仅考虑对某个业务处理环节的控制，而且要按照系统控制的要求，从系统整体目标出发，自顶向下，层层分解，考虑控制的影响深度和宽度。

第二节　智能时代影响财务的新信息技术

一、大数据

（一）大数据的定义

百度百科对大数据的定义是：大数据（Big Data）是指无法在一定时间范围内用常规软件工具进行捕捉、管理和处理的数据集合，是需要新处理模式才能具有更强的决策力、洞察发现力和流程优化能力的海量、高增长率和多样化的信息资产。

（二）大数据的特征

大数据通常是指数据规模大于10TB以上的数据集。它除了具有典型的4V特征（Volume、Velocity、Variety、Value），即体量巨大、类型繁多、价值密度低、处理速度快的特征外，还具有数据采集手段的智能化、数据应用的可视化等特点。

1. 数据体量巨大

大数据最显著的特征是数据体量巨大，一般关系型数据库处理的数据量在TB级，大数据所处理的数据量通常在PB级以上。

随着信息化技术的高速发展，数据呈现爆发性增长的趋势。导致数据规模激增的原因有很多，首先是随着互联网的广泛应用，使用网络的人、企业、机构增多，数据获取、分享变得相对容易；其次是随着各种传感器数据获取能力的大幅提高，使得人们获取的数据越来越接近原始事物本身，描述同一事物的数据量激增。社交网络（微博、Facebook）、移动设备、车载设备等都将成为数据的来源，数据来源的广泛必将带来巨大的数据量。

2. 数据类型繁多

大数据所处理的计算机数据类型早已不是单一的文本形式或者结构化数据库中的表，它包括订单、日志、博客、微博、音频、视频等各种复杂结构的数据。大数据环境下的数据类型分为结构化数据、半结构化数据、非结构化数据。以最常见的Word文档为例，最简单的Word文档可能只有寥寥几行文字，但也可以混合编辑图片、音乐等内容，成为一份多媒体的文件，增强文章的感染力。这类数据通常称为非结构化数据。与之相对应的另一类数据，就是结构化数据。这类数据可以简单地理解成表格里的数据，每一条都和另外一条的结构相同。每个人的工资条依次排列到一起，就形成了工资表。与传统的结构化数据相比，大数据环境下存储在数据库中的结构化数据仅占 20%，而互联网上的数据，如用户创造的数据、社交网络中人与人交互的数据、物联网中的物理感知数据等动态变化的非结构化数据占到 80%。数据类型繁多，复杂多变是大数据的重要特性。

3. 数据价值密度低

大数据中有价值的数据所占比例很小，大数据的价值性体现在从大量不相关的各种类型的数据中，挖掘出对未来趋势与模式预测分析有价值的数据。数据价值密度低是大数据关注的非结构化数据的重要属性。大数据为了获取事物的全部细节，不对事物进行抽象、归纳等处理，直接采用原始的数据，保留了数据的原貌。由于减少了采样和抽象，呈现所有数据和全部细节信息，可以分析更多的信息，但也引入了大量没有意义的信息，甚至是错误的信息，因此相对于特定的应用，大数据关注的非结构化数据的价值密度偏低。

以当前广泛应用的监控视频为例，在连续不间断监控过程中，大量的视频数据被存储下来，许多数据可能是无用的。但是大数据的数据价值密度低是指相对于特定的应用，有效的信息相对于数据整体是偏少的，信息有效与否也是相对的，对于某些应用是无效的信息对于另外一些应用则成为最关键的信息，数据的价值也是相对的。

4. 数据处理速度快

速度快是指数据处理的实时性要求高，支持交互式、准实时的数据分析。传统的数据仓库、商业智能等应用对处理的时延要求不高，但在大数据时代，数据价值随着时间的流逝而逐步降低，因此大数据对处理数据的响应速度有更严格的要求。实时分析而非批量分析，数据输入处理与丢弃要立刻见效，几乎无延迟。数据呈爆炸的形式快速增长，新数据不断涌现，快速增长的数据量要求数据处理的速度也要相应地提升，才能使大量的数据得到有效的利用，否则不断激增的数据不但不能为解决问题带来优势，反而成了快速解决问题的负担。数据的增长速度和处理速度是大数据高速性的重要体现。

5. 数据采集手段智能化

大数据的采集往往是通过传感器、条码、RFID 技术、GPS 技术、GIS 技术、Web 搜索等智能信息捕捉技术获得，这体现了大数据采集手段智能化的特点，与传统的人工收集数据相比更加快速，获取的数据更加完整真实。通过智能采集技术可以实时、方便、准确地捕捉并且及时有效地进行信息传递，这将直接影响整个系统运作的效率。

6. 数据预测分析精准化

预测分析是大数据的核心所在，大数据时代下预测分析已在商业和社会中得到广泛应用，预测分析必定会成为所有领域的关键技术。通过智能数据采集手段获得与事物相关的所有数据，包括文字、数据、图片、音视频等类型多样的数据，利用大数据相关技术对数据进行预测分析，得到精准的预测结果，从而可以对事物的发展情况做出准确的判断，获得更大的价值。

（三）大数据的财务应用

1. 依靠大数据提升财务的风险管控能力

其一，大数据在风险管控方面相对传统风险管理模式有更高的应用价值，这种价值体现在能够看见传统风险管理模式下所看不见的风险。其二，在金融业务领域，已经有非常广泛的利用大数据进行风险管控的案例。而在财务领域，我们要怎样利用大数据管控风险呢？设置规则来辅助进行直接、精准的风险拦截，这是人工智能更擅长的事情。我们希望利用大数据来实现一些相对模糊但是有控制价值的风险发现，以及能够进行财务风险分级。

在风险发现方面，大数据通过纳入非结构化数据并进行相关性分析，能够发现一些风险事件的可能特征，并根据这些特征进行潜在风险线索的事前预警或事后警示。在这种应用场景下，不需要大数据告诉我们谁一定有问题，只要提示谁可能有问题就足够了。而这种提示本身并不存在必然的因果关系，仅仅是大数据在进行相关性分析后的产物。

另一种应用是各种风险事项的分级。这里的风险事项可能是一份报销单据，也可能是一次信用评价。只要分析对象需要进行风险分别，都可以考虑使用大数据技术来实现。分级后的风险事项能够采用不同程度的应对策略，从而做到高风险事项严格控制，低风险事项低成本应对处理。

2. 依靠大数据提升预算中的预测和资源配置能力

第二个场景是预算管理。对于预算来说，在其管理循环中非常重要的两件事情是根据历史和现状，综合企业自身、行业和竞争对手三个维度，对未来进行预测以及对资源进行有效的投放。而恰恰大数据可以在预测和资源配置两个方面发挥其自身优势，带来传统预算管理难以实现的应用价值。

首先，是预测的提升。传统的财务预测主要是利用结构化数据，构建预测模型，对未来的财务结果进行预测。而使用大数据技术，预测的数据基础可以扩大到非结构化数据，市场上的新闻、事件、评论等都可以成为预算预测的数据基础。特别是在引入大数据后，预测模型中的假设很可能发生意想不到的变化，这使得预算预测具有更高的可用性。

其次，是资源配置的优化。在传统模式下，编制预算进行资源配置时，很多时候是财务在听业务部门讲故事，资源投向受到讲故事水平的影响。而大数据的出现，能够让财务人员有可能形成一定的判断能力。如基于大数据能够形成相关产品市场热点、竞争对手的动态分析，将这些分析结果与业务部门的故事进行印证，对于是否该继续加大产品投入或者是否该改变产品的设计方向都有可能形成不一样的判断和结论。

3. 依靠大数据提升经营分析的决策支持能力

第三个场景是大数据在经营分析方面的应用。经营分析的核心在于设定目标，进行管理目标的考核，并对考核结果展开深度分析，以帮助业务部门进一步优化经营行为，获得更好的绩效结果。在这样的一个循环中，数据贯穿其中并发挥着重要的价值。

传统的经营分析模式同样面临数据量不足、依赖结构化数据、关注因果关系等问题。大数据技术有助于提高经营分析的决策支持能力。

在传统方式下主要是通过分析自身历史数据、行业数据以及竞争对手数据，再结合自身战略来设定目标的。因此，目标是否合理在很大程度上依赖于参考系数据的可用性。大数据能够帮助企业更好地认清自身情况，更加客观地看清行业情况和竞争态势。特别是后两者，在传统模式下数据依赖于信息获取渠道，而大数据将整个社会、商业环境都转化为企业的竞争分析基础。在这种情况下，目标的设定将更为客观、合理。

而在事后对目标达成情况的解读上，和传统财务模式相比，大数据基于其对相关性而不止于因果关系的挖掘，能够找到更多靠传统财务思维无法解读到的目标结果相关动因。而针对这些新发现的动因的管理，有可能帮助业务部门获得更加有效的决策建议。

（四）财务实现大数据应用的条件基础

1. 技术的基础

大数据并不仅仅是技术的事情，但不得不承认，没有技术是万万不行的。对于大数据来说，传统的技术架构是无法支撑的，大数据的生态环境正在发生着迅猛的进步。虽然 Hadoop 已经确立了其作为大数据生态系统基石的地位，但市场上依然有不少 Hadoop 的竞争者和替代品，一些新的产品热点也在不断涌现。

2. 人力的基础

大数据的应用，在技术背后还增加了对人力的新的需求。一方面，需要更多高端的数据分析师；另一方面，也加大了对基础数据处理人力投入的需求。高端数据分析师既可以通过鼓励现有的财务分析人员提升转型获得，也需要进行有针对性的人才招募。而在基础人力方面，数据工厂将被提上议程，基于财务共享服务模式的数据中心可能是解决日常数据管理的核心力量。

二、云计算

（一）云计算的立体架构

各大厂商对云计算的谈论，概括起来主要包括 SaaS、PaaS、IaaS 这三个概念。SaaS 是软件即服务，PaaS 是平台即服务，IaaS 是基础设施即服务。如果把这三个概念比作一个火锅，IaaS 是云架构下技术上的硬件，比如网络、服务器等物理架构，它是火锅的锅底，有了这个作为支撑，整个火锅才能涮起来；PaaS 是云架构下的开发平台、数据库平台等，它是火锅中的食材，有了这些食材，才能做出佳肴；而 SaaS 是提供给客户在云架构下使用的软件应用，比如业务人员直接操作的 Oracle 系统，它是最终成品的火锅佳肴，将被送到客户的嘴里。

1. 云计算的含义

美国国家标准与技术研究院（NIST）的定义是：云计算是一种按使用量付费的模式，这种模式提供可用的、便捷的、按需的网络访问，进入可配置的计算资源共享池（资源包括网络、服务器、存储、应用软件、服务），这些资源能够被快速提供，只需投入很少的管理工作，或与服务供应商进行很少的交互。

2. 财务和云计算的关系

（1）IaaS 和财务

如果只使用 IaaS 的云计算模式，那么在前台的财务人员是感受不到的。因为这是一个物理架构的概念，我们可能使用的还是和原先本地部署的软件系统一样的系统服务，只是这些软件系统并不是部署在企业独有的服务器上，而是放在如电信云、阿里云或腾讯云之类的公共基础设施平台上。这种模式可以有效地降低企业硬件的投入成本，而由于硬件是一种云集群的模式，在这个集群里的系统算力可以被均衡使用，这就有可能进一步提升系统性能。国内某个大型建筑央企就是把其财务系统搭建在电信云上的，借助这种模式支持其数十万企业员工的财务应用。

（2）PaaS 和财务

如果使用的是 PaaS 模式，财务人员同样感受不到什么，但开发人员就不一样了，他们使用的不再是本地的开发工具和公司内部的数据库，而是在一个租用的云端开发平台上的。这件事情并不难理解，如果你在阿里云上注册了一个账号，那么就能够看到阿里云中可以付费使用的开发工具，甚至可以部署机器学习的开发环境。这种模式对于规模不大的企业，特别是没有资金搭建大型复杂开发环境的公司来说，使用平台的成本就低多了，而且还能随时使用最新的平台技术。在 PaaS 模式下，开发平台成为即租即用的服务。

（3）SaaS 和财务

与财务人员最密切相关的是SaaS模式。“软件即服务”是直译过来的说法，通俗地说，就是财务的应用系统并没有建在企业里，而是放在互联网上的云平台中。用户访问财务系统，就如同访问百度网页一样，从公司内部穿透到互联网上的某个系统里。而特别要注意的是，这个互联网上的财务系统并不是我们独享的，很多企业和我们共用这个财务系统，只是在权限和数据上做了隔离。

（二）财务实现与云计算的场景融合

对于企业财务来说，要实现云计算在财务中的应用就需要挖掘相关的应用场景。我们可以看到三种场景的应用，包括采用 IaaS 模式构建财务系统架构、使用基于 SaaS 模式的财务应用系统和以 SaaS 模式提供对外服务，以下具体探讨如何实现这些场景的融合。

1. 财务系统架构于 IaaS 模式

在大型企业中，如果使用本地部署模式来构建信息系统架构，会使得 IT 架构越来越“重”，信息化成本逐年提升，从基础架构到开发、维护，每个环节都有大量的成本投入。对于国内进入世界五百强的大部分企业来说，每年都会发生高昂的财务信息化开支。而财务本身作为这些系统的重要业务应用者，是这些成本的直接承担者，并最终会通过定价收费或者分摊的方式将这些成本再进一步转嫁给服务对象。而在服务对象对收费越来越敏感的今天，控制成本、降低定价成为很多企业财务共同的压力。

将财务系统架构于 IaaS 模式之上，能够以较低的成本来实现基础架构的部署，能够以“轻”IT 的方式来实现财务信息系统的建设。

2. 使用基于 SaaS 模式的财务应用系统

SaaS 是在云计算中最容易被理解也最常被应用的一种模式，财务人更是 SaaS 模式的直接使用者。在这种模式下，财务并不构建自己企业内的独有财务信息系统，而是选择租用第三方云服务产品。这种第三方产品的提供商需要对财务业务流程有深刻的理解，能够在产品设计时充分考虑到不同企业的差异化需求，并通过灵活的后台管理功能来实现快速配置部署。企业财务选择此类云服务产品的前提是，企业在整体的信息化战略和信息安全评估上能够通过。

3. 财务以 SaaS 模式提供对外服务

一些企业的财务会尝试进行对外能力输出。这种能力输出有两种形态。

一种形态是将自身的管理经营积累转换为系统产品，并将产品面向社会提供服务输出。在这种情况下，输出方可以考虑采用 SaaS 的方式架构自身的产品，让用户通过租用的方式来使用产品，从而获得输出方所积累的管理经验。

另一种形态是财务共享服务中心对外输出，也可以简单理解为财务外包。在这种情况下，所提供的是基于 HRaaS 模式的对外服务。内地代理记账市场也在向这种模式靠拢，一些看得比较远的代理记账服务商已经在使用共享服务的管理模式，向大量的中小客户提供服务。

这里需要强调的是，云服务产品的开发本身是一个高复杂性和高成本的事项。由于云服务系统需要满足用户的差异化需求，对其产品设计的可配置性和灵活性要求都是极高的。同时，云服务产品还需要满足多操作平台、多浏览器兼容的需求，如果涉及移动端，对差异化移动平台的兼容则更加复杂。这些都会带来产品研发的高成本投入。

企业财务在考虑使用云计算提供 SaaS 模式系统服务的时候，需要考虑未来自身规模和发展能力，如果无法在经营上取得很好的投入产出结果，则应当慎重投资云服务产品。

三、区块链

（一）区块链的概念

1. 区块链的定义

狭义来讲，区块链是按照时间顺序将数据区块以顺序相连的方式组合成的一种链式数据结构，并以密码学方式保证的不可篡改和不可伪造的分布式账本。

广义来讲，区块链技术是利用块链式数据结构来验证与存储数据、利用分布式节点共识算法来生成和更新数据、利用密码学的方式保证数据传输和访问的安全、利用由自动化脚本代码组成的智能合约来编程和操作数据的一种全新的分布式基础架构与计算方式。

2. 基础架构模型

一般来说，区块链系统由数据层、网络层、共识层、激励层、合约层和应用层组成。数据层封装了底层数据区块以及相关的数据加密和时间戳等技术；网络层则包括分布式组网机制、数据传播机制和数据验证机制等；共识层主要封装网络节点的各类共识算法；激励层将经济因素集成到区块链技术体系中，主要包括经济激励的发行机制和分配机制等；合约层主要封装各类脚本、算法和智能合约，是区块链可编程特性的基础；应用层则封装了区块链的各种应用场景和案例。

该模型中，基于时间戳的链式区块结构、分布式节点的共识机制、基于共识算力的经济激励和灵活可编程的智能合约是区块链技术最具代表性的创新点。

（二）区块链与财务管理

1. 跨境清结算

从目前国内的清结算交易来看，清结算面临的问题并不严重，反而是在跨境清结算交易的过程中面临较大的压力。在跨境付款过程中，非常重要甚至可以说绕不开的是SWIFT组织。它通过一套基于SWIFT Code的代码体系，将各个国家的银行构建为网络，并实现跨境的转账支付交易。对于这套体系来说，高昂的手续费和漫长的转账周期是其极大的痛点。而对于在整个交易过程中处于中心地位的SWIFT来说，改变自身的动力并不强。但区块链技术的出现为打破这种基于中心组织的清结算体制带来了可能。去中心化的区块链交易使得全球用户有可能基于更低的费用，以更快的速度完成跨境转账。实际上，很多银行和区块链创新组织已经在积极展开相关的技术尝试，这也驱动SWIFT不得不做出自我改变。

2. 智能合约

智能合约同样是一个涉及双方甚至多方信任的场景。当然，从单纯的合约概念来说，它并不是一个财务概念，而是企业之间进行商贸活动的契约。但是在区块链技术的支持下，合约的可信度得到很大的提升，并且基于电子数据完成合约的签订和承载后，合约背后的财务执行就可以更多地考虑自动化处理。密码学家和数字货币研究者尼克·萨博（Nick Szabo）提出了“智能合约”的概念，并总结为“一个智能合约是一套以数字形式定义的承诺，包括合约参与方可以在上面执行这些承诺的协议”。简单地说，智能合约所有的触发条件都是可以用计算机代码编译的，当条件被触发时，合约由系统而非一个中介组织来自动执行。

在没有区块链的时候，智能合约依赖的中心系统难以得到合约双方的认可，而区块链的出现，使得这一同步于互联网提出的设想成为可能。而基于智能合约自动触发的财务结算、会计核算等处理都将极大地简化财务处理，并有力地支持智能财务的实现。

3. 关联交易

在财务领域，关联交易的处理一直是困扰财务人员的一个难题。由于关联交易各方的账簿都是由各自的属主管理的，这就关联交易发生后各方账簿进行记账和核对的工作异常复杂。与有一个中心的账簿不同，在关联交易模式下没有中心，也没有区块链下可靠的安全记账机制，这就使得很多时候关联交易核对出现问题。一些大型企业也试图解决这样的问题，但在区块链出现之前，大家的探索方向是试图构建一个中心，让所有的关联交易方在这个中心完成交易登记，从而实现类似于银行清结算的对账机制。而区块链的出现，让我们可以探索另一条道路，既然无中心了，那么就更加彻底，通过区块链的去中心化特征和其可靠的安全机制来实现新的关联交易管理模式。

4. 业财一致性

另一个和关联交易有些类似的场景是长期困扰我们的业财一致性问题。如果说关联交易是法人与法人之间的交易，那么业财一致性要解决的就是业务账与财务账之间的关系。相比来说，构建一套业财区块链账簿体系更加复杂。由于在企业中各个业务系统在建设的时候往往都是以满足业务发展为基本出发点的，这就使得多数的业务系统根本没有考虑对财务核算的影响，也正是这一点导致当下不少大型企业中业财一致性成为难点。如果使用区块链技术来解决这一问题，就需要在业务系统和财务系统底层构建一套分布式账簿，并由此取代现在的业财会计引擎的模式。从将业务数据自行记录传输至会计引擎转换为会计分录进行记账的模式，转变为业务和财务双方平行账簿记账的模式。业务和财务都同步保留业务账和财务账，从根本上实现业财一致。当然，这个过程可能会造成海量的数据冗余，且技术实现也更为复杂。

5. 社会账簿和审计的消亡

最后要研究的是一种终极场景：如果整个社会的商业行为完全都基于区块链展开，那么对于财务来说，就不会再是每个企业自行记账的模式了。每个企业都是区块链上的一个节点，企业与企业之间所发生的所有交易都通过区块链进行多账簿的链式记账，这就很难出现假账。而与此同时，高可靠性的全社会交易记载，对税务、财政等监管模式也会带来极大的影响，很可能发票也失去了其存在的价值。监管审计、第三方审计都可能失去其存在的必要性，并最终导致审计的消亡。

第三节 新经济下的财务信息化规划

一、财务信息化概念架构

（一）软件架构

对于财务来说，软件架构这件事情听起来还是有点复杂的，说得通俗一点，就是要搞清楚，一个系统中有哪些构成部分，这些构成部分是怎样相互发生作用的。那么所谓的新经济下的财务信息化架构，就是要搞明白，和传统财务信息化架构相比，多了哪些构成部分，以及各部件之间相互作用的方式发生了怎样的变化。“有什么功能”可以称为功能架构，功能加上交互关系后形成的架构可以称为逻辑架构。而在实际的软件架构设计中，还有多个视角的架构理解，如开发架构、运行架构、物理架构、数据架构等。

（二）财务智能化功能架构解析

1. 功能架构中的数据层

这里先要说的是智能财务信息化架构下的数据层。和传统财务信息化架构相比，最重要的是数据的内涵发生了变化。在传统架构下，处理的主要是结构化数据，而在引入大数据技术后，结构化数据已经无法满足财务信息系统对数据的需求，非结构化数据被引入，并且成为非常重要的构成部分。

因此，在功能架构的数据层中，系统对结构化数据和非结构化数据同时提供相应的管理功能，从数据的采集管理、对接管理、存储管理等方面进行相应的功能支持。

2. 功能架构中的智能引擎层

智能引擎层是架构中的另一个重要层次。之所以叫作智能引擎层，是希望在搭建智能时代财务信息系统架构时，能够对关键的支持技术进行组件化，并以引擎的形式来支持不同业务场景的应用。引擎层是一个公用的技术平台，在不同的应用场景中，能够灵活地调用相关引擎来实现配套的业务应用，从而实现整个财务信息化架构底层技术工具的共享。在智能时代的财务信息化架构中，可抽象出的引擎主要包括以下几个方面。

第一，图像智能识别引擎。图像智能识别引擎主要用于广泛地进行图片信息的识别，一方面，能够支持对结构化数据的采集；另一方面，也能够支持对非结构化数据的信息提取。同时图像智能识别引擎可以利用机器学习来提升自身的识别能力，从而扩大可应用的价值和场景。

第二，规则引擎。规则引擎作为初级人工智能应用，会在整个财务信息化中发挥重要的作用。通过灵活、可配置的规则定义，支持在财务流程中基于规则进行大量的判断、审核、分类等应用。规则引擎的完善，一方面，依赖于经验分析后的完善；另一方面，也将基于机器学习引擎来辅助规则完善。

第三，流程引擎。流程引擎无论在哪个时代都十分重要，好的流程引擎能够全面提升财务信息系统的水平。而在智能时代，流程引擎的驱动仍然是规则引擎，而规则引擎又基于机器学习得以完善优化，并最终带来流程引擎能力的提升。

第四，大数据计算引擎。大数据计算引擎是相对独立的，基于大数据的技术架构，能够处理海量的包括结构化数据和非结构化数据的计算。大数据计算引擎的实现，能够使财务在大数据方面的应用场景得到真正的技术支持，而不是传统计算模式下的伪大数据。

第五，机器学习引擎。机器学习引擎应当能够实现监督学习和非监督学习，通过大量的不同业务场景的数据学习训练，形成相应的优化规则，并依托规则引擎作用于各种业务场景中。从这个意义上来讲，机器学习引擎有些像规则引擎的后台引擎。

第六，分布式账簿引擎。对于区块链的应用，需要在底层搭建各类分布式账簿，而我们可以考虑通过引擎化的方式，将这种分布式账簿的搭建变得更为标准和可配置。当然，这需要区块链技术实现进一步的抽象——从技术概念走向业务简易应用的概念。有了分布式账簿引擎，基于区块链的应用可以得到进一步的加速。

3. 功能架构中的业务应用层

业务应用层是最重要的一个层次。在业务应用层中，我们从财务业务模块和技术两个角度实现了场景功能的匹配，从而形成了相对清晰的智能时代财务信息化应用的功能场景蓝图。它可以成为有意致力于智能时代技术深度应用的企业的思维导图，并据此展开规划和实践。下面我们从财务业务模块的视角来逐一说明。

第一，共享运营，对于共享运营来说，在智能化方面的应用场景是相对较多的，这也是由其作业运营的特点所决定的。信息技术的进步，本身对运营效率的提升就是最直接的。

第二，资金 / 司库管理，在资金管理中与共享流程密切相关的部分已经被归入共享运营中体现，而针对资金管理和司库管理来说，主要的应用在于提升基于大数据对资金和司库管理的分析、决策能力。此外，物联网技术对于账户 UKey、用印安全管理也将发挥重要作用。

第三，会计报告，会计报告对新技术的应用主要集中在区块链对关联交易以及业财一致性的支持上。同时，类似于智能编辑，这样的场景可以应用于会计报告的智能化。而在这个领域，也会引发对未来套装软件是否能够支持智能化应用的思考。

第四，税务管理，税务管理在税务风险控制方面可以应用人工智能技术来进行支持，在税负分析、税费预测等领域也可以考虑引入大数据，充分利用企业内外部数据来提升分析质量。

第五，成本费用管理，成本费用管理在费用分析方面可以考虑与大数据相结合，而在移动互联网方面，可以进行服务及商品采购的前置和线上管理，从而获得更好的管控效果。

第六，预算管理，预算管理的技术应用主要集中在大数据方面，通过大数据，加强对预算预测和资源配置的管理能力的提升。

第七，管理会计，管理会计本身在技术层面的起步就比较晚，因此它的实现仍然基于传统技术方式。但在管理会计报告的编制中，可以考虑采用智能编辑模式，盈利分析可以考虑引入广义数据，增强分析的实用性。

第八，经营分析，在经营分析这个领域，大数据能够有较大的应用空间。通过数据范围的扩大、相关性分析的引入，经营分析能力能够得到提升。

二、财务信息化协同体系

（一）财务构建统一的信息化中枢

对于财务组织内部来说，要打破信息化的建设边界。打破边界的方法可以考虑在财务体系中构建统一的信息化中枢，这个信息化中枢可以是实体组织，也可以是虚拟组织。实体组织可以体现为财务信息化团队或部门的形态，如某领先互联网企业内部设有财经 IT 部，某大型国有商业银行有会计信息部这样的组织，这些实体化的专有组织能够在财务体系内部起到统筹协调的作用。而对于没有条件设立统一财务信息化团队的企业来说，可以考虑设立虚拟机构，如设置财务信息化管理委员会之类的跨部门统筹组织。尽管它在力度上弱于实体组织，但也能够起到一定的统筹协调作用，并且在财务信息化架构搭建和重大项目的推进过程中发挥着重要作用。

（二）科技面向财务的团队和架构的私人定制

对于科技部门来说，要实现与财务的紧密协同，应当考虑构建面向财务提供服务的专属团队。在这样的专属团队中，应当从组织架构上打破传统按业务模块独立设置团队的模式，构建能够更好地匹配未来的平台化架构，包括专属需求分析团队、架构师团队、公用平台研发团队和场景实现团队面向财务的私人定制。需求分析团队应当能够有效支撑智能技术与财务需求团队的对接；架构师团队能够站在产品化和平台化角度，科学构建财务信息化架构；公用平台研发团队应当能够打通财务各业务模块的底层，对可公用的技术功能进行组件化研发，并实现在不同业务场景中的应用；而场景实现团队则在公用平台的基础上，针对不同的业务场景需求来进行技术实现。通过这样一个平台与定制化相结合的科技团队组织来实现对财务智能化的有力支持。

（三）科技内部市场化实现新技术引入

对于科技内部各类“黑科技实验室”之间的协同，不妨考虑引入市场化机制。由于各类“黑科技实验室”主要的服务对象是企业的业务场景，而对于作为后台的财务场景来说，要想获得大力度的支持并不容易。在这种情况下，引入市场化机制，通过内部交易的形式，向“黑科技实验室”付费购买相关技术支持，能够充分调动“黑科技实验室”协同的积极性，也能够更好地从机制上让财务和业务站在同一条起跑线上。当然，并不是所有企业都有条件去建立内部市场化机制，必要的时候，寻求行政命令资源的支持也是可行之路。

（四）企业推行产品平台并定义自由度

对于企业来说，要满足标准化与个性化的平衡，不妨考虑将企业自身视为财务智能化产品的提供商，在企业层面构建基于产品化理念，设计信息化平台。在产品的设计过程中，企业应当充分引入业务单元来进行产品化需求的论证和设计，通过大量的调研形成需求，并最终搭建平台。各个业务单元在实际部署信息化时，企业将其当作一个产品客户，通过进一步的需求调研，引入实施方法论，在产品化平台的基础上进行配置实施和少量且可控的定制化开发。

通过这种模式，企业财务能够搭建一个开放式的财务智能化产品平台，并借助平台实现管理的标准化和自由度的定义。

在财务智能化进程中，财务与科技的协同是一个技术与艺术并存的话题，找到合适的平衡点、实现双赢是财务智能化之路成功的关键。

三、成为智能时代的财务产品经理

智能时代财务管理的基础是信息技术，对于财务来说，好的技术平台的支撑，能够帮助企业在智能化道路上走得更远，也能够让企业有更多的机会去实践财务创新。而在这个过程中，传统的财务信息化支持人员已经难以满足要求，企业需要智能时代的财务产品经理来助力企业走上财务智能管理之路。

（一）财务产品经理的概念

产品经理是随着产品形态的发展而发展的。早期的时候，产品大多数是实体化的，如家里的电视机、洗衣机等都是实体化产品，产品经理则是管理这些实体化产品全生命周期，从概念提出到设计、生产、营销、销售、配送、服务等全过程的角色。而随着社会的发展，产品的形态也在改变，能够解决问题的东西不仅仅是实体，一个好的创意、管理方法也都可以称为产品，产品经理不再局限于“理工男”。而当信息技术、互联网快速发展后，软件产品、互联网产品快速风靡，面向软件和互联网的产品经理成为重要人群。但无论哪一种产品、哪一种产品经理，其本质都是一样的。

优秀的产品经理的价值就在于要做出能够解决问题、让客户满意的好产品。

具体而言，产品经理要做到：（1）从各种各样的需求和想法中找到要解决的问题，以及相匹配的产品方向；（2）为产品做一个长期的布局和规划，知道什么时候该走到哪里；（3）进行产品设计，参与产品的开发、测试和上线；（4）参与产品推广方案的设计，用营销思维让客户接受这个产品；（5）积极进行产品培训和用户支持，得到更多改善产品的反馈；（6）关注市场动态和竞争对手，随时进行产品规划的调整。

（二）财务产品经理的定位

首先，财务产品经理应当是财务组织中的一分子，其核心职能是设计财务信息系统来解决财务工作中各类业务场景所遇到的问题。因此，将财务产品经理设置于财务团队内部能够更好地发现用户的问题，并设计出更有针对性的产品解决方案。

其次，财务产品经理应当将主要精力放在搞明白需求、设计出用户体验卓越的好产品上。同时，充分挖掘工程师们的“黑技术”，把好的技术应用到财务场景中。财务产品经理既不应当越位工程师的角色，也不应当任由工程师团队替代。

最后，我们也要意识到，财务业务人员并不适合在没有经过充分训练的情况下直接成为财务产品经理。财务产品经理是一个复合型人才的角色，其核心能力在于财务知识与技术能力的有机融合。纯粹的业务人员来设计产品会缺少全局观，难以把握架构和流程，并在与工程师的对接过程中出现翻译的偏离。

（三）智能财务产品经理的特质

1. 新技术的敏感性

作为应用技术来解决财务问题的财务产品经理，对技术的敏感性是不可或缺的。特别是在智能时代，技术快速迭代，对这种能力的要求更为突出。当前处于信息化时代向智能化时代转变的边缘期，在这期间，技术的多变和创新的层出不穷会成为常态，每一个财务产品经理都应当具备高度的技术敏感性，把握时代赋予的机会。

2. 新技术的财务场景化能力

对于财务产品经理来说，一旦敏锐地捕捉到新技术的出现，最重要的一件事情就是能否将这些新技术用于解决实际的问题，也就是这里要说到的新技术的财务场景化能力。实际上，业务问题出现的载体是业务场景，空谈一项技术是没有任何意义的。但作为财务产品经理，能够识别出业务部门的痛点，抽象出业务场景，分析出什么样的技术能够解决怎样的场景问题，那么其就是一个高水平的财务产品经理。

3. 产品化和平台化架构能力

在传统的财务信息化模式下，由于技术变化相对缓慢，高度定制化的信息系统也能够满足不少的用户需求，且保持稳定性。但随着智能时代的到来，技术的加速革新，缺乏扩展性的定制系统将难以承载业务需求，产品化和平台化成为趋势。

对于财务产品经理来说，产品化和平台化架构能力的形成并不是那么容易的。在传统模式下，只需要就问题解决问题，用西医的方法就足够了，而在产品化和平台化架构下，需要用中医思维来解决问题，能够站在一定的高度上对财务信息化产品中各个功能组件和关联关系进行具有前瞻性的规划，并能够在技术实现上植入充分的可配置性和扩展性。这种能力的形成无论在专业上还是在思维能力上，都对现有的财务产品经理提出了更高的要求。

4. 产品价值挖掘能力

在智能时代，好的财务产品经理不能仅仅技术过硬，还需要会讲故事。对于所负责的产品，能够充分挖掘产品的价值，并与产品的相关方达成共识；能够更好地获得资源保障，更好地获取用户的信任并形成更可靠的需求；更好地获得管理层的支持，保障产品设计最终落地。

在通常情况下，智能时代的财务产品经理应当能够讲清楚产品实现在成本、效率、风险或管控、决策支持、客户体验等方面的价值。通过这一系列的价值共识，把产品推入高速发展的轨道。

（四）从财务 IT 成长为智能产品经理

1. 专业深度的成长

专业深度尤为重要。在智能时代，如果要成为合格的产品经理，就需要进一步加强技术知识的储备。当然，这种加强并不是要求达到工程师的水平，而是要在现有的运维、需求分析能力的基础上，补充新技术领域的相关知识。

同时，专业深度还体现在对产品化、平台化架构方面的知识体系的完善上。当然，相关的具体工作将由科技部门的架构师团队来完成，但作为财务产品经理，需要有能力判断和评价架构师的设计，并有能力参与相关架构设计工作。

2. 专业广度的成长

对于财务产品经理来说，要打造出智能时代的财务好产品，就必须能够更加深入地承担起业务场景与信息技术相结合的中间角色。这个中间角色在业务层面要求财务产品经理具有更加广阔的专业视野。

财务产品经理应对财务的各业务领域有广泛的了解，如核算、预算、资金、管会、经营分析、税务、共享等。具备了这些财务专业范围内的广度，能够帮助财务产品经理实现第一个层次——财务各职能团队与科技之间的对接。

然而，财务产品经理不能仅仅满足于这个层次的专业广度，还需要进一步将视野扩大到各种前台业务中，需要覆盖到公司经营的各类业务系统，并能够对业务与财务端到端的全流程数据流转和系统架构有所掌握。在这种情况下，才能更好地通过信息技术实现业务与财务的一体化。

3. 认知创新的成长

对于财务产品经理来说，需要更多地去研究和学习创新的工具和方法。创新本身是一门科学，而并非守株待兔式的等待创意的过程。对于财务产品经理来说，如果要想培养出自身的创新能力，需要积累大量的跨界知识，而不仅仅是财务和科技类的知识。很多时候，创新的灵感来自貌似不相干的领域的突发刺激，当积累了足够广度的素材后，所谓的各种创新工具和方法才有可能发挥作用。

当然，实践是创新的根源，作为智能时代的财务产品经理，需要积极地将想法付诸行动，哪怕是推演都能帮助我们加深思考，并在深度思考的过程中获得认知和创新能力的提升。

第三章　新时代背景下财务管理的基本组成

第一节　精细化财务管理

经济全球化背景下，随着我国国民经济的逐步发展与进步，如今我国各个行业之间的竞争压力也变得越来越大，呈现了多元化的经济发展问题。为了能够高效地解决这些问题，我国相关政府部门应该积极完善与优化相应的经济改革措施，促使各行各业能够切实展开深入改革，为企业的长期稳定良性发展奠定坚实的基础。本节紧紧围绕精细化管理这一视角，对我国各行各业企业的相应财务管理问题进行一定的阐述，并提炼出相应的对策，能够切实促进各种行业企业的长期稳定良性发展。

一、企业精细化财务管理的基本内涵

为了能够切实促进企业经济效益的提升，企业在开展财务管理工作时，也要积极地将其中的管理流程进行逐步的细分，充分提升企业财务管理的实际水平，高效保证相应的工作效率和质量，从而切实促进企业的长期稳定良性发展。通常情况下，企业可以积极将相应的财务工作进行精细化处理，紧紧地围绕相应的财务管理问题以及相应的财务数据，高效开展细分工作，切实保障企业的资金流通效率，高效保障企业的财务管理水平，切实促进企业的长期稳定良性发展。另外，企业精细化财务管理模式也是我国当前众多企业优先选择的一种财务管理模式。

二、精细化财务管理的特色

新时代背景下，如果一个企业能够将自身的财务管理工作朝着更细致、更精确的方向进行发展，同时也能够明确企业未来的发展方向，从而充分对财务管理工作效率进行有效的保障与提升，切实促进企业实际经营效果的提升，高效保障企业经营效益。其次，企业还要能够积极从多个角度展开财务管理工作，即要重视其中的工作效率以及执行结果，充分朝着精细化财务管理的方向逐步迈进。

（一）制度精细化

企业在进行财务管理工作时，也要积极地对其中的财务管理工作流程进行逐步的规范化与精细化处理，从而切实实现财务管理制度的精细化发展。在此过程中，企业要积极对相应的财务管理流程进行具体化的分析，并保障相应的经济化处理原则，积极地完善并优化相关财务管理制度，避免一些模糊化财务管理问题的产生。

（二）流程精细化

企业在对财务管理流程进行精细化处理时，要能够有效地优化传统财务管理流程，切实保障财务管理的工作效率和质量。同时也要将财务预算有机纳入相应的预算管理工作中，将各个预算执行费用项目进行明确落实，鼓励相关工作人员能够积极展开更高效的财务管理内部控制工作，切实对财务管理流程进行逐步的规范与优化，将相应的具体操作规则进行逐步的细化处理，引导相应财务人员积极开展财务数据分析，切实保障财务流程精细化处理能够朝着一个更科学有序的方向逐步发展。

（三）质量精细化

企业在开展相应的财务管理工作时，要积极地将相应的工作流程进行精细化处理，并对相应的财务管理工作流程进行监督与支持，充分地将我国相关的企业财政法规与政策有机融入进去，对企业的财务状况进行科学化分析，逐步完善相应的信息内容，增加这些信息的实际利用意义，完善对资金的科学监管，确保资金的安全性。同时，也要对相应的财务核算模式进行科学的优化与完善，充分形成具有一体化的财务管理工作流程，切实保障预算体系能够正常运行下去。

（四）服务精细化

财务人员要具有一定的服务意识，定期进入基层部门，了解实际的财务状况，科学做好资产管理工作，积极与其他相关部门进行有效的交流与沟通，形成良好的协商关系，高效保障信息反馈的速度和质量，确保各类财务管理工作具有一定的凭据与依靠。

三、精细化财务管理的实施方法

（一）企业内部实施成本预算管理

企业在进行成本预算管理时，需要紧紧地围绕相应的利润为出发点，将企业的各项年度预算数据充当为已知变量，科学计算相应的年度总体收入，进而逐步推算出该企业年度总的控制费用。成本预算管理过程中，也应该积极将相应的成本预算进行落实处理，然后依据相应的考核时间，将成本费用划分为月度、季度和年度三种类型，并制定出相应的财务报表，成为企业进行成本费用控制的有效凭据和依靠。同时，也要积极将各个部门相关的成本预算进行科学化的对比分析，从而优化相应的预算方案。

（二）认真落实精细化管理

为了能够充分提升企业的经济效益，企业应该注重精细化管理的重要意义与价值。首先，企业要积极树立安全生产责任意识，保障相关工作人员能够积极明确自身的责任目标，并通过具体工作细节有机落实下来。其次，为了能够高效发挥出企业的管理作用，就应该积极将企业的资产预算与精细化管理有机结合起来。再次，紧紧地围绕企业的实际责任制目标，鼓励所有员工积极进行成本管理意识的学习与明确，从而充分将相应的总体目标逐步落实到各个部门的业绩目标内部，充分化大为小，促进其经营目标的实现。最后，也要积极将成本预算与薪资考核有机结合起来，充分调动员工的工作积极性。另外，企业要积极对自身的预算资金的运用进行有效的控制，并以月度计划的方式保证该部分资金在可控范围之内。同时，企业也要积极将自身的成本管理目标进行有效的责任细化，完善企业内部审计制度，科学降低经营风险，积极完善企业实物资产管理制度，细化相应的财务管理内容。

总而言之，精细化财务管理可以有效推动企业的现代化发展与进步。另外，企业也要积极优化自身的管理水平，保障企业能够紧紧地迎合时代的发展需求，逐步提升自身的经济效益，切实促进自身的蓬勃发展。

第二节　财务管理中的内控管理

新时代背景下，企业在进行财务管理工作时，需要充分意识到内控管理对整个财务管理工作的重要影响意义与价值。通常情况下，优秀的内控管理方式可以稳步推进企业的现代化发展与进步，既能降低一系列运营以及生产成本，也能够高效保障企业的资产安全，有效规避各类财务管理风险，为企业相关领导层供给更可靠的财务数据，更高效地发挥出内控管理的实际意义与价值。

一、内控管理对财务管理的作用

随着我国国民经济的发展与进步，企业也需要积极地对自身的内控管理工作进行逐步的优化与完善，高效规避可能出现的各种经济危机。同时，企业也需要意识到，内控管理与财务管理工作是具有密切联系的，都会对企业的经济效益造成不同程度的影响。如今，有些企业相关领导已经逐步意识到内控管理的重要性，可是还有少部分企业领导并没有高度重视内控管理工作，也没有对相应的财务管理工作进行科学化的监督。事实上，内控管理对企业的财务管理工作有着重要的意义与价值。

（一）有利于保护企业资产

企业应该积极开展内控管理工作，对企业的资金安全进行高效保障，并推动企业的长期稳定良性发展。因为在开展内控管理工作时，相应的管理层要积极对企业所有财产进行有效的核查与管控，充分明确每一项资金的具体流动方向，确保企业资产安全，避免不良资金动用情况的发生。同时，企业财务管理部门也要积极依据企业的发展状况，科学制定相应的管理制度，对其中的各项物资处理进行明确规定，充分提升财务管理专业水准。同时，避免贪污腐败现象的发生，相对而言提升企业的竞争实力。

（二）提高财务信息真实性

新时代背景下，企业要积极注重内控管理工作的重要意义与价值，为企业提供更真实可靠的财务信息，并对相应的财务处理流程与方案进行高效的优化与完善。同时，也要积极对相应的财务数据进行审核与复查。经过一系列的核对与内控管理，及时发现其中的财务漏洞，采用科学化的手段，及时纠正相应的财务管理问题，高效降低相应的资金损失，切实推进企业财务管理工作的顺利发展。

（三）企业经济效益得以提高

为了能够充分地提升企业的经济效益，企业相关人员应该积极将相应的内控管理制度进行不断的优化与完善，积极发挥出内控管理工作的重要意义与价值，科学保证企业财务管理水平的稳步提升。通过制定相对完善的内控管理制度，可以充分发挥出该制度下的资金调节功效，帮助每一笔资金都能够展开合理性的运用，充分对企业的自我约束力进行有效的强化与发展。

如今，越来越多的企业已经逐步意识到内部控制管理体系的重要意义与价值。为了能够更好地促进这些企业的现代化发展与进步，企业应该积极将自身的内部控制体系进行逐步的优化与完善，能够覆盖到企业生产运营中的各个流程，并对中小型企业的所有层面进行全方位的覆盖与涉及。一般情况下，环境的控制风险的识别和评估、相应的经济决策与活动等都属于企业内部控制的核心内容。通过积极地将这些内容进行有效的沟通与反馈，充分增加信息的可靠性，并对相应的信息反馈进行科学化的评价与监督。积极开展内部控制制度评价，其实也可以凸显出我们国家对企业展开内部控制时的一些规定，而企业也需要积极落实相应的制度规范，不断地优化自身的内部控制流程，并充分保障企业的实际工作效益与质量，高效规避可能存在的一些管理风险或者徇私舞弊行为等。因此，企业相关管理人员要积极依据企业的实际发展状况，优化企业内部与外部环境，科学建立相应的规范与约束机制，充分对企业内部控制的时效性进行逐步的完善与强化，科学评价自身的内部控制制度。

二、内部控制在财务管理当中的范围

财务管理内部控制其实主要是依据财务这一主要形式，将各个部门有机联合起来，并将财务活动与各项生产经营活动有机整合起来，有助于相关管理人员及时开展科学化的管理决策，能够对企业的各项财务活动进行科学化的监督与约束。通过这样一种管理方式，可以有效提升企业的实际监管效益，促进企业的长期稳定良性发展。在进行企业内部控制时，只有积极地做好财务预判，科学开展企业的运营管理，才能保障企业的正常运营。另外，这种模式有利于企业及时科学管控各项资金，充分发挥出资金的潜在价值，为企业的长期发展奠定良好的经济基础，并提升企业的实际竞争实力。

（一）内部控制是控制机制的重要组成部分

为了能够充分提升企业的管理效率和质量，在进行控制机制管控时，需要充分发挥出内部控制机制的重要意义与价值。通常情况下，可以通过以下几个方面科学开展内部控制：首先，积极建立结构控制体系。依据“二权分立”基础，充分凸显出代理与委托之间的关系。其次，依据合法措施科学开展内部控制，确保企业投资方的实际效益。再次，科学建立管理控制体系，发挥出多元化的形式，凸显出代理人的实际职责。比如，定期换岗制度、员工道德品质培育、内部监督控制、预算控制等。最后，科学建立会计控制体系，积极利用核算这一形式，对相应的控制内容差异性进行有效凸显，真正发挥出实物控制、纪律控制等各项控制方式，从根本上保障会计控制的效率和质量。

（二）内部控制保障资金安全

为了充分保障企业的财产安全，企业可以科学建立内部控制机制，对企业的流动资金进行科学化的管控，充分保障企业流动资金能够安全运行。同时，也可以避免货物流动时所存在的一些安全隐患问题。其次，内部控制可以对企业的长期资产和固定资产进行有效的保护，积极依据企业的实际运营状况，科学规划财产调整工作，保障资产的安全性，也有利于企业及时认知到自身的外部投资状况。

（三）内部控制降低企业经营风险

企业管理者可以积极通过内部控制获取最前沿的企业发展信息，接着做出科学化的管理决策，高效保障企业的稳定运营，有利于企业科学建立自身的企业文化，促进企业各项发展目标的最终实现。另外，内部控制制度有利于企业管理者积极迎合市场的发展规律，采取更科学的决断，有效规避一些不良外部环境对企业的未来发展可能造成的不利影响。

（四）内部控制是企业发展的必然要求

随着我国国民经济的发展与进步，为了能够充分地迎合时代的发展需求，企业就需要积极地利用内部控制制度，对自身的内部与外部环境进行有效的改善与优化。同时，也要积极学习相应的内部控制理论以及管理经验，正确认知企业的实际发展情况，有效开展更高效的科学管理工作，充分促进企业管理水平的提升，科学建立更全面化的内部控制机制。

（五）提升企业财政管理的水平，适应财政改革的发展

随着我国国民经济的发展与进步，财税体制改革也相应地提升了我国的财政管理水平，并且也出现了一系列相关的政策以及制度，对财政改革与管理充分进行了有效的落实。但是由于这些政策并没有经过一系列系统的实际论证就开始在实际工作中进行践行，因此难免会出现一系列问题。比如，一些碎片化的业务流程就没有进行更科学全面的考虑，以至于在开展实际的财政管理工作时，并没有充分发挥出财政管理部门的实际工作效率，相应的工作质量也没有充分地达到有效的保障，因此财政管理工作开展时，要对各项工作流程进行积极的优化与完善，这样才能从根本上保障财政管理工作的效率和质量，有利于更快实现我国现代化的财政管理制度。

三、财务管理过程中内控管理的措施

为了能够充分提升企业的竞争实力，企业在进行相应的财务管理时，需要充分注重内控管理的重要意义与价值，能够采用科学化的手段，有效加强内控管理强度，充分保障企业的财务管理效率和质量。

（一）建立完善的财务管理内控制度

企业在开展财务管理内控工作时，需要积极注意以下几点：第一，要积极将相应的财务管理工作流程与一系列的制约制度有机融合起来，充分形成以防范为核心的监督制度。第二，科学成立事后监督制度，能够不定期地对各项会计工作进行积极的审查，并将最终结果及时反馈给财务部负责人，积极开展不同的惩罚制度。第三，依据审计部门的工作为基础，科学成立审计委员会，对会计部门的各项核算工作进行积极的监督与管控。

（二）提高企业财务人员的职业规范，完善内控管理

为了充分保障财务管理工作能够真正地依据相应的制度进行严格执行，就需要积极对相关工作人员的职业素养进行科学化的培育。因此，企业领导者应该积极完善相应的会计人员专业技能培训工作制度，定期对会计人员进行相应的理论知识培训以及技能培训。同时，对相关会计人员的职业道德进行有效的培育与提升，增进相关人员的职业约束能力，严格依据相关规章制度行事，科学保障自身的工作效率和质量，切实落实内控管理工作。

（三）加强内部审计监督

企业在开展财务管理控制工作时，需要积极注重内部审计监督的重要意义与价值。企业要对自身的审计机构进行逐步的优化与完善，引导相关内部审计人员积极发挥自身的审计功效，促进企业内控管理工作的正常运行。

（四）加强社会舆论的监督

现如今，为了能够充分地加强我国企业财务部门对会计的有效管控力度，相关工作人员应该积极对自身的职业能力与素养进行有效的培育与提升。除此之外，我国相关政府也要积极发挥出自身的社会监督作用，积极完善相关的内控管理制度，充分为企业营造良好的市场经济秩序。

（五）重视内控管理流程

企业在开展财务管理工作时，需要依据严格的审批程序，合法对资金进行有效管理。比如，可以指定专人对某一固定资产进行严格的资产管理。同时，也要积极建立合法的额定费用使用机制，充分发挥出企业资金的最大功效，确保资金周转顺利。

总而言之，企业在进行财务管理时，需要充分注重内控管理的重要意义与价值。内控管理不仅有利于企业的实际经营，还可以保障企业资金的正常运用。在激烈的市场竞争中，充分注重内控管理制度，也有利于促进企业资金安全，充分保障企业的长期稳定良性发展，同时有效规避各项财务风险等。

第三节　PPP 项目的财务管理

随着我国国民经济的发展与进步，我国相关的社会公共基础设施建设也在不断的完善与强化的过程中，PPP 模式可以有效地推动相关建设的不断发展。因此政府与企业的共赢合作模式，可以有效地促进我国社会资本的现代化发展。可是由于 PPP 模式的应

用时间尚短，还存在一些问题，相关工作人员应该积极对所存在的问题进行科学化的分析与完善，切实推动PPP模式的发展。

一、PPP模式的定义

PPP模式，即Public-Private-Partnership的字母缩写，主要是指为了充分强化城市基础设施建设，政府与私人组织之间以特许权协议作为合作基础，充分明确彼此的权利和义务，确保协作工作的顺利进行，最终实现更优质的协作效果。

二、PPP项目的特点

基于政府与社会资本之间有机合作的PPP项目，其实是具有一定区别性的。社会资本主要是为了获取一定的利益，而政府则是为了促进基础设施的建设，从而切实推动我国社会经济的发展。由于二者的目的不同，对项目的实施过程也会造成不同程度的影响。一般情况下，可以积极签订合法的合同，从而对社会资本以及政府的一些实际行为进行有效的约束，确保项目正常开展。在保证社会资本利益最大化的情况下，也不要忽视了对社会公益性的影响；在保障政府公益性的情况下，也不要对社会资本造成不利的利益损耗。因此PPP项目是一种双赢策略。依据二者的社会角色不同以及实际资源的差异性，可以有助于社会资本与政府之间进行高效的资源共享，充分保障社会基础设施建设的效率和质量，充分发挥出资源共享的优势。在开展PPP项目的过程中，政府部门也要积极对相应的项目计划进行有效的分析，同时也可以鼓励社会资本参与进来，实行共同项目管理。因此，PPP项目其实也可以充分展现出具有一定复杂性的合作关系。

三、PPP模式下的项目管理、财务管理策略

（一）建立完善的风险识别与控制体系

PPP项目存在多主体问题，假如为了能够获取快速的回报，应该避免采用这样的方式。同时，政府与投资公司也要积极承担相应的风险，比如政治风险、管理风险、低收益风险等。同时，也要共同承担一些具有不可抵抗性的风险，比如自然灾害、市场经济等。由于PPP项目属于风险共同体，因此相应的主体在进行合作时，也要明确自身可能需要面对的一些问题，并采取科学化的手段，有效规避可能发生的风险。同时，也要积极成立风险共同承担机制，采用各种手段充分保障项目的顺利运营，有效规避各种风险。

（二）努力加强预算管理与资金控制

项目投资前需要积极优化相应的预算管理制度，确保各项资料的真实可靠性，同

时也能够积极依据材料、设施、员工、资金等角度对整个项目进行科学化的统筹分析，科学利用现代化的财务管理模式，有效对投资与回报进行科学计算和分析，确保资金管理控制的合理性，并能够优化相应的投资比例。

（三）加强成本控制

由于开展PPP项目时，建设周期相对较长，回报率又低，而后期的维护成本相对来说也比较高，因此开展项目管理时，就要及时地对其中的成本进行科学化的规划与掌控。同时也要能够对各项成本进行科学化的预算，从而依据相应的单位成本折旧年限以及各项生产、销售费用等，对整个项目的运行成本进行科学化的控制。另外，还可以积极利用营业额与收入进行相应的回报比例计算。通过采用这样的方式，及时对该项目的回收期、动态回收期以及其中的财务报酬率等进行科学化的确定。

（四）加强财务分析，完善定价制度

相关单位要积极地树立统一性的财务管理目标，充分实现资源利益最大化。同时也要积极地优化相应的资产定价制度，科学开展财务分析，并对相应的定价机制实行科学监管。积极依据相应的社会物价指标，对相应的市场手段进行有效调整，及时规避可能存在的一些利益损害。同时，避免资本的趋利性发展，从而有效优化该建设项目的实际经济效益，并保障社会资本的实际收益。

通过积极采用PPP模式，政府与民间资本可以进行有效的协作。借助于政府的监管作用，优化企业的财务制度，充分提升相应的工作效率与质量，促进企业产生更加英明的决策。PPP模式也可以充分发挥出政府对相应民间资本的支持作用。依据法律确保企业与政府之间的良性合作，同时也会促进经济的发展。

第四节　跨境电商的财务管理

随着信息技术以及互联网技术的快速发展，我国的跨境电商产业也有了进一步的发展，并呈现一定的增长趋势。本节对该电子商务背景下，财务管理对整个跨境电商产业的发展进行了有效的分析，并提炼出了一些相应的财务管理问题，比如会计核算工作不够严谨规范，缺少更科学化的ERP系统以及相应的税务问题等。针对这一系列问题，就需要采取相应的财务管理优化方案，充分优化并完善相应的跨境电商企业的财务管理问题。

一、财务管理对于跨境电商运营的重要意义

新时代背景下，随着跨境电商行业的快速发展，其中一些相关的财务管理问题也受到人们的普遍关注。由于该行业的特殊性，其财务管理问题也需要及时地对传统财务管理方式进行不断的优化与完善。由于大多数跨境电商其实都属于规模较小的企业，相关的财务管理人员配置其实具有一定的局限性。为了充分解决跨境电商的财务管理问题，就应该积极对相应的财务管理实践活动进行有效的重视，并对其中所面临的一些特殊性问题进行科学化的分析，并制定科学化的解决策略，逐步完善跨境电商的财务管理工作，切实推动整个行业的现代化发展与进步。

二、基于跨境电商的网络财务管理发展建议

（一）风险意识的树立是网络财务管理优化的重要前提

由于一些跨境电商缺乏一定的风险意识，容易导致一些网络财务管理问题的发生。为了能够高效地发挥出网络财务管理的优势，跨境电商应该积极明确风险意识，能够依据真实情况，科学建立相应的风险评估体系，对所存在的风险进行科学评估与预测，从而更高效地制定相应的风险防控措施，确保跨境电商企业各项业务的长期稳定良性发展。

（二）政府扶持力度的提升是网络财务管理优化的手段

通常情况下，跨境电商工作流程相对来说是比较复杂的，需要积极地与外管部门、金融机构等进行密切的联系。同时，也要与海关部门、税务机构等存在着协作关系。并且，跨境电子商务的网络财务管理模式也与传统财管模式具有一定的差异性。因此，政府要积极依据跨境电子商务工作的整体特征，积极对相应的网络财务管理制度进行有效的优化与完善。比如，科学成立跨境电商监控机构，对整个业务流程进行有效监管；对跨境电商出口退税程序进行有效的完善，并赋予一定的政策优惠。例如，科学成立相应的监控机构，能够对整个跨境电商流程进行科学监管，完善跨境电商的出口退税程序，提供适当的政策优惠与支持；科学改善相应的财务工作流程，确保工作中的会计核算的规范性。

（三）网络财务管理系统的构建是财务管理优化的根本

为了高效保证企业管理的效率和质量，就应该积极对企业相关的财务管理工作进行有效的优化与完善，充分调动员工的参与积极性，能够及时地对企业相应的经济活动与财务状况进行科学化的动态分析与管控，从而逐步优化相应的网络财务管理体系。实践过程中，也要积极地对跨境电商的整个业务流程进行科学化的分析与设计，并科学利

用相应的软件系统，对企业实际财产状况进行科学化的反映，确保财务管理工作的科学性与适用性发展。

（四）高素质专业化人才的培养是财务管理优化的必需

跨境电商企业在进行网络财务管理时，也需要充分意识到人才的重要意义与价值。为了能够有效地优化自身的财务管理现状，就应该积极对相应人才的专业能力进行有效的培育与提升，同时提升相关人才的素质，切实推动企业的长期稳定良性发展。实践过程中，要积极依据跨境电商财务管理特点，以及相应的财务管理系统的建设需求，积极加强对相关工作人员的财会基础知识与能力的培养。并且也要积极对相关财务管理工作人员的信息素养、计算机素养等综合素质进行有效的强化与完善，充分为相应企业的发展奠定坚实的人才基础。

综上所述，跨境电子商务的发展空间相对来说还是比较广阔的，但是也存在一些问题。比如，跨境电商的网络财务管理就具有一定的技术优势，但是还不是很成熟，需要进行持续性的优化与改进，从而更高效地解决所存在的一些财务管理问题等，真正地推动跨境电商企业的现代化发展与进步。

第五节 资本运作中的财务管理

新时代背景下，企业在进行发展过程中，也需要积极面对“营改增”这一时代背景，对企业相关的财务管理工作进行不断的优化与完善，充分提升企业的实际竞争实力。在此过程中，也需要积极将自身的资本运作能力进行有效的培育与发展，充分实现“以钱生钱”这一实际经济利益。基于当前的企业结构，可以发现财务管理与资本运作其实是相互促进的，只不过一种属于微观资金活动，另一种属于宏观资金活动。资本运作与商品运作，两者之间是具有一定对应性的，主要就是指能够对自身的资金成本进行科学化的规划、组织与管控，从而有效实现资产升级。为了高效促进企业的现代化发展与进步，也需要积极投入一定量的资金，对企业进行相应的资金支持，从而有助于企业能够及时完善自身的资本结构，保障企业的经济效益。

一、企业资本运营的特点分析

（一）价值性

企业在进行资本运作时，也需要充分明确企业的各种运营活动其实都是为了获得一定的经济效益，也就是价值性。因此在企业资本运作过程中，核心点是为了凸显出价值，而并不是资产自身。另外，一系列的企业资本运作活动都要对相应的成本进行有效的管控，对企业成本的实际占用情况进行科学反映，从而有助于相关工作人员及时探究出企业的实际资产价值，并积极将各类成本进行相互比较，比如边际成本、机会成本等，促进企业科学决策的诞生。

（二）市场性

市场经济背景下，资本运作的一个基本特征，也就是市场性。一系列的经济活动都要依托资本市场，紧紧迎合市场的发展步伐，充分促进企业的发展与进步。因此企业开展资本运作时，有必要对资本价值与资本运作效率的实际大小与高低，进行科学化的市场检验，从而充分提升企业资本之间的竞争实力。

（三）流动性

通常情况下，人们可以将资本流动这一过程称为资本运作。在资本运作前期，可以进行大量的投资活动，从而获得持续性的回报。流动性能够促进产品增值现象的发生。从企业资本运作视角出发来看，企业不仅要注重资产的实物性。同时，也要对实物资产的利用率进行有效的提升，从而帮助企业获得更多的经济效益。

二、强化财务管理，优化资本运作

总而言之，企业在进行资本运作时，可以保证企业获得良好的经济效益，也属于促进企业资产增值的一个重要方法。在企业的各项管理活动中，财务管理具有重要的意义，可以有效地推动企业的现代化发展与进步。因此，可以充分发挥财务管理的实际功效，切实推动企业资本运作的完善与升级，从而高效保障企业的良性稳定健康发展。

（一）强化会计核算工作，完善财务管理

通常情况下，企业资本可以促进企业生产经营能力的稳步提升。在此过程中，也需要充分发挥出财务管理的重要作用与意义，充分对资本运作展开会计核算工作。在企业的各项经营活动过程中，对企业的各类成本展开科学化的控制，从而切实促进企业资产的保值与增值，促进企业的良性稳定健康发展。其次，还可以从产权交易等角度出发，对企业资本结构进行有效的完善。同时积极利用分散企业资本为企业营造更优越的经济效益。一般情况下，产权交易主要包含以下两个方面：一是依据经营产权资本，充分实现资本保值增值这一功效；二是依据财产权进行企业经营，充分迎合经营目标，获取更丰厚的经济效益。

（二）完善企业财务管理

随着我国国民经济的发展与进步，企业财务管理也遇到了多方面的问题。首先，相应的风险在增加。其次，属于“营改增”的过渡环节。最后，能够对企业财务管理造成不同程度影响的要素还在发生不同程度的增减变化。因此，为了高效地促进财务管理问题的解决，不仅要对企业自身的生产领域进行有效管控，同时也对国内外的市场政策造成不同程度的影响。如今，企业应该积极利用多元化的经营方式与投资手段，真正发挥出经济活动的实际功效，充分促进财务管理工作的正常进行。由于这一系列经济活动都可以称为“双刃剑”，因此为了高效开展资本运作中的财务管理，就应该对各类投资方式进行有机组合，紧紧围绕盈利目标，充分对自身的融资能力以及抗风险能力进行科学培育与提升，从而促进资本运作活动的正常发展。同时，也需要充分意识到财务管理工作对资本运作的重要意义与价值。

（三）完善资本运作中财务管理制度

为了充分促进财务管理工作的有效性发挥，企业应该成立相应的财务制度，培养高素质专业人才，同时匹配相应的总会计师、资金分配人员、核算人员等，为财务管理完善性的发挥奠定坚实的基础。同时也要积极对资本运作中的材料进行形式与内容的有机统一，真正将会计原始资料视为核心资料，有效实现规范存档、有序排列等，充分对相关财务管理工作人员的职责进行有效明确，同时及时规避可能出现的一系列操作失误等问题。企业要积极依据自身实际内外环境以及相关的《会计法》等，对自身的财务管理制度进行有效的优化与改进，对各个岗位的实际工作职能进行明确规定，为资本运作奠定坚实的制度基础。

总而言之，新时代背景下，各个企业之间的竞争十分激烈，因此为了充分提升企业的竞争实力，就应该积极强化资本运作，保障企业的经济效益，实现资产保值，从而更高效地发挥出财务管理的实际功效，促进资本运作的发展。

第六节　国有投资公司财务管理

随着我国国民经济的快速发展，投资公司已经出现在市场上，它们有助于规避一些投资风险，促进相关行业的快速发展。同时，也标志着我国金融服务行业的现代化发展，可是由于竞争力十分激烈，各个国有投资公司也需要积极地面对这些竞争压力，需要加强财务管理的工作力度，充分提升相应的管理水准，有效地应对金融市场的动态发展与变化。因此本节对国有投资公司的财务管理工作进行了深入的分析与探究。

一、国有投资公司财务管理基本内容概述

国有投资公司在开展内部财务管理工作时，需要注重以下几个要点：第一，加强财务基础工作管理力度，能够紧紧地迎合市场经济的发展需求，依据国有投资公司的实际特点，科学地成立相应的财务管理机制，并与国际市场有机衔接。第二，注重资金调动与全过程管理的工作力度，科学地进行资金统筹，竭力争取到相关政府的财政支持，并及时向海外市场拓展，充分实现有效融资。并能够以资金安全性流动为基本原则，充分降低企业内部的各项成本，保障资金效益的提升。第三，科学地运用管理方式，及时规避财务风险，将公司内部的负债结构与管理方法进行科学化的优化与完善，保障公司资产结构的科学性。第四，科学地将债权风险与预期贷款清理责任制有机结合起来。第五，科学地推进财务改革，为公司的运行提供充足的现金流支持，有效拓展公司业务，满足还本付息等基本需求。

二、国有投资公司的性质与目的

早在20世纪80年代中后期，我国国有投资公司已经逐步诞生，由政府全部出资，并充分发挥出政府的公共职能，对一些基础设施与产业等进行有效的投资与经营管理。其实这类公司本质上属于国有企业，属于国有资产配置的代理者。新时代背景下，国有投资公司也需要积极依据政府相关政策，对相关技术产业进行有效投资，充分提升市场竞争力。同时，能够自主实现经营管理与发展，促进国有资产的保值与增值。由于这类公司的核心目的是保值增值，因此要积极对这类公司进行相应的资产配置的优化与完善，最终能够借助于政府的宏观调控作用实现国有投资公司的经济目的。

三、国有投资公司的财务管理模式

（一）集权制财务管理模式

新时代背景下，国有投资公司在进行财务管理时，需要积极运用集权制财务管理模式，将财务决策权授予母公司，由母公司来对整个投资公司内部的各项经营与财务信息作出科学决策，而子公司则要严格遵守母公司的管理决策。这种财务管理模式其实将管理决策集中于母公司，子公司只有很少部分的决策权。科学地开展集中资产管理权，可以涉及决策权，同时也包括相关业务的经营管理与控制权。

通常而言，集权性决策具有成本低、效率高的优势，可以有效对母、子公司之间

的资源配置进行有效的协调，但是相对而言风险较高，属于一个不利的方面。决策者的管理水平以及战略分析能力对决策是否正确有着一定程度的决定作用。一个决策的失误很有可能会导致一个公司的衰亡。

（二）集权与分权结合的财务管理模式

集权与分权结合模式的主要优势可以凸显为以下三个方面：第一，制度方面。科学地制定统一化的管理制度，明确相应的财务权限以及合理的收益分配，保证各个子公司能够在母公司的指导下积极进行相应的职能发挥。第二，管理方面。积极发挥出母公司的集中管理权限。第三，经营方面。依据制度的实际需求，充分发挥出子公司的生产经营主动性。

通常情况下，由于过度的集权以及子公司的消极被动而容易导致财务机制僵化局面的出现。反之，极端化的分权也会导致子公司在过度追求经济利益的同时，引发失控状态的产生，对整体经济利益造成不同程度的破坏。因此，集权与分权有机结合，可以充分发挥出母公司的调控职能。同时，也有利于调动子公司的生产积极性，充分规避相应的风险。这种方式的运用可以有效规避过度集权或分权所引起的一些不利局面，充分发挥出集权与分权的彼此优势。

四、国有投资公司财务管理模式的优化策略

（一）加强国有控股企业的财务管理

以财务风险管理视角来看，国有投资公司在进行相应的财务管理时，要积极地以自身的业务特征为出发点，对整个项目的管理体系进行科学化的优化与完善，从而真正发挥出财务的内控系统的管控作用，有效规避各类财务风险。

1. 实行全面预算的管理

企业要积极与一些项目单位实行战略协同合作，充分强化相关的财务监管机制，确保预算的正常运行。也就是在明确项目单位的权力分配与实施的同时，科学地对项目单位进行相应的财务预算分配，从而依据相应的预算结果展开科学地分析，及时纠正其中的漏洞与问题，优化相应的评价考核措施，从而有效将目标控制与结果控制和过程控制有机结合起来，充分掌控项目单位的财务风险。

2. 建立重大财务事项的报告制度

公司在对项目单位进行管理时，需要注意管控的力度，严禁管理过松或管理过严。因此可以积极授予相关单位一定的经营自主权，从而充分保障项目单位的经营主观

能动性。

3. 强化对项目单位的内部审计

在进行内部审计工作时，需要积极将内部审计工作涉及控股项目单位以及相应的参股项目单位中，同时也要积极依据实际状况展开专项审计，要与项目单位进行友好的沟通交流，能够在合适的时机展开相应的审计工作，并且要注重落实到位。

4. 完善控股项目单位经营者的激励约束体制

以委托—代理视角出发，存在的一些内部矛盾将会导致代理人发生“道德风险”和“逆向选择”等。因此，为了高效对抗滥用权力等现象的发生，就需要积极建立具有一定的激励与约束性的管理机制，鼓励经营者积极开动脑筋，为股东出谋划策。

（二）加强对参股公司的财务管理

对国有参股企业中国有资产进行科学化的立法管理：首先要积极优化并完善相应的法规体系，能够依法对相应的资产实行管理，从而保障国有资产进入相对合法化与法治化的资产管理体制中。对其中的一些国有资产流失现象进行科学化的查处，并能够做到尽快立法。

对企业内部的国有参股进行定期资产清查。并对其中的国有资产分布、构成、经济效应等进行有效的核实，积极建立相应的责任管理体系，能够对相关资产进行科学化的验收与评价。

有效规范产权转让行为，并对其中的交易进行智能化强化，明确其中的国有资产产权应该归国家所有，并保障相应的产权转让资格，能够鼓励相应的中介机构积极进行转让行为，开展公平公正的交易行为，并实施相应的公正监督，依法实行管理，确保交易行为的合法性以及规范性。

为了促进企业的长期稳定良性发展，企业不仅要对自身固有的财务管理模式进行不断的优化与完善，也要依据相关投资实践情况，对财务管理手段进行不断提升，充分提高财务人员的风险意识，不断优化相关财务管理系统，充分迎合市场环境的发展变化，促进企业的稳定发展。

第七节　公共组织财务管理

一、公共组织财务管理的含义和特点

公共组织财务管理，其实也就是指公共组织对本单位的各项财务活动以及相关财务关系进行综合化管理的一种经济管理活动。

（一）公共组织

以组织目标为视角进行分析，可以发现，社会组织可以分为营利性组织和非营利性组织两大类。前者一般可以称为私人组织，包括私人、家庭、企业等。另一类指的是对社会公共利益进行有效维护的公共组织，比如政府组织等。

我国的公共组织一般指的是政府部门、事业单位、民间非营利组织等。通常情况下，国有组织也归于此类，但是由于其管理方式相对比较特殊，一般不纳入公共组织范围内进行研究。

通常情况下，公共组织具有一定的非营利性，它们所提供的产品与服务经过公共权力的行使，可以呈现非竞争性等特征。这也与私人组织具有明显的财务活动区别。

（二）公共组织财务的特点

公共组织财务包含了相关的财务活动组织以及一系列的财务关系处理。其中财务活动主要是指资金的一系列组织、控制、协调活动等。一般情况下，具有以下主要特征。

1. 财政性

通常情况下，公共组织的资金运营与财政资金有着紧密的联系。首先，财政资金构成了大部分公共组织资金的来源，可以突出显示相关政府政策的具体执行要求和体现，对财政目标的实现起着一定程度的直接影响作用。

2. 限制性

公共组织的用钱办事相对而言比较自由，缺乏一定的约束和激励机制。因此，为了高效保障公共组织科学运用公共资源，就需要遵守一些较多的限制。比如，公共组织资金的筹集以及使用等方面要以部门预算为核心，不能自主决定。其次，公共组织的资金管理权限也受到了不同程度的限制，比如受到我国政府采购制度的约束等。在进行大量商品、劳务活动采购时，也要由我国相关财政部门代表进行。因此公共组织在资金管理权限上受到了不同程度的限制。

3. 财务监督弱化

将私人组织与公共组织对比，可以发现，私人组织的财务活动会受到更多的约束与监督，相对而言，公共组织的各项财务监督相对弱化。第一，资金供给者监督弱化。由于非营利性，以至于公共组织不存在相应的收益分配权以及经营管理权等。因此也不存在所谓的“剩余索取权”等激励机制。因此，公共组织资金提供者各项监督相对弱化。第二，市场监督弱化。公共组织所提供的服务或产品，一般不需要通过激烈的市场竞争来对其价值进行有效评价。因此，这样的非竞争性也导致公共组织缺乏一定的竞争与监督。这也是公共组织资源利用效率相对较低的核心原因之一。

4. 财务关系复杂

经过分析可以发现，公共组织比私人组织呈现更复杂的财务关系。首先，公共组织涉及的部门相对较多，利益相关者比较多。其次，既凸显出一定的经济关系，也凸显出政治关系。因此，公共组织资金在流动与分配的过程中，往往也要考虑政府的真实意图。

（三）公共组织财务管理的特点

1. 以预算管理为中心

由于公共组织其实是建立在对公共资源的有效利用来为公众提供一系列的公共服务的活动，因此没有通过明确的利润等方式对其直接实行结果进行有效的反馈。因此，公共组织财务管理时，可以积极通过预算来进行相应的市场机制模拟，从而能够将公共组织的一系列受托责任以具体化、数量化、货币化的方式呈现出来，凸显出代理人的具体目标与标准。因此，预算管理在公共组织资金管理过程中具有重要的意义与价值。而公共组织的一系列财务管理活动，也是紧紧地围绕预算来进行相应的执行与考核的。比如，相应的收入管理、支出管理、绩效管理和考核管理等，都是建立在预算的基础上而开展的。

2. 兼顾效率和公平

财务管理其实是紧紧地围绕价值增值而展开相关工作活动的，但是公共组织在进行活动时，往往突出的是公益职能，不涉及更直接的经济目的。但是同样也追求一定的效益以及回报最大化等基本目标。当公共组织具有这样明确的目标后，才能够更高效地利用公共资源，提供更优质的公共服务。通常而言，公共组织的回报目标可能与其他各种目标产生一定的冲突，因此在进行目标设定过程中，公共组织要兼顾效率和公平。

3. 微观性

人们在进行公共组织资金规划时，通常会将公共财务与公共财政相混淆。尽管二者有着紧密的联系，但是也存在一定的区别。比如，公共财务管理更关注于公共组织单位的一些财务活动，紧紧地围绕单位的各项业务活动而展开相应的服务工作。可是公共财政主要是发挥出政府的宏观财政管理功效等，为了保障公共财政职能而开展的相关活动。

4. 手段的多样性

通常而言，企业在开展财务管理工作时，可以积极依据相关的经济手段实现企业相关财务管理目标。公共组织则有多元化的手段来实现自身目标，比如可以通过法律、行政手段等，进行相应的管理活动，还可以借助经济手段，引入市场机制，通过政府采购中的招标等来进行相应的成本效益分析等。

二、公共组织财务管理的目标

由于公共组织属于非营利组织，核心目标是为了实现社会公益，而不是追求更多的利润。在开展相应的财务管理目标设置时，也要紧紧地依据组织的实际宗旨进行相应的目标制定。而财务管理通常要通过一系列的价值管理，对整个组织的相关资源进行高效保障，充分提升资源利用率，实现组织目标。因此，公共组织的财务管理也要紧紧地围绕社会公益项目为基础，科学分配运用公共资源，真正实现效率与公平的统一。一般情况下，可以体现为以下三个方面。

（一）保障公共资源的安全完整

公共组织财务管理的初级目标，也就是科学保障公共资源的完全与完整。由于公共组织财务管理其实缺乏一定的财务监督作用，并缺乏一定的约束与激励机制，容易发生相关资源的浪费等。而公共组织财务管理为了能够实现初级目标，也要积极依据政府相关部门的预算安排，对各项资金进行合理安排运用，并科学成立相对完善的内部控制制度，对自身的资产进行安全管理，严格执行预算工作，避免一些无效投资等，充分维护公共资源的安全完整，为社会公益奠定坚实的物质基础。

（二）提高资源使用效率

公共组织财务管理的终极目标也就是充分提升资源的使用效率。在这一过程中，可以积极通过一系列的管理方式来达到这一目标，比如可以积极采用绩效管理、成本控制等手段，开展科学决策，更高效地使用资源，注重资源的投入产出分析等，充分提升公共组织资源的运用效率。

（三）实现效率与公平的统一

公共组织财务管理的高级目标，也就是充分实现效率与公平的有机统一。在进行最终目标实现的过程中，也要积极地对相应的财务资源进行有效的组织与分配，从而为广大公众供给更优质的产品与服务，充分凸显效率与公平的统一。

三、公共组织财务管理的内容

企业在开展财务管理活动时，其实是紧紧围绕着资金运动而展开相应的资金管理与分配的。基于公共组织财务管理活动的特殊性，在开展相应的公共组织财务管理工作时，除了要对资金进行高效管理，同时也要对各种公共资源进行相应的绩效管理。

（一）预算管理

在开展公共组织财务活动时，可以积极采用预算对相应的收支规模、运用范围、方向等进行综合化的反映。通过积极采用预算管理，也可以充分提升相关财务活动的预见性与计划性。尤其是受到政府部门审批的一些预算审批，可以充分提升相应的公共资源分配决策，有利于提升公共财产透明度，属于对相关财务活动进行事前控制的有效形式。

1. 公共组织预算与公共预算的概念

公共预算可以公平、公正地凸显出政府年度收支计划，属于一项政策性的行为。通常可以积极进行相关的资源配置，对相关收益和成本进行有效的分配。由于这样的公共预算属于执行性的，可以高效凸显出公共资源的相关使用效率。

公共预算涉及了相关政府部门以及事业单位的有关预算构成，而公共组织预算其实也是开展政府预算工作的一个基本前提。基于公共预算的框架，可以高效进行相关预算工作的编制与实施。

2. 公共组织预算管理的内容

公共组织预算管理其实主要包含以下内容：第一，对基础信息的预算管理，能够积极将员工数量、福利、职能、业务量等基础信息进行全面准确的预算编制。在此过程中，也要积极重视定员定额信息的重要意义与价值。由于该信息包含了相应的员工编制额度以及经费预算额度标准等，属于科学进行公共部门预算编制的基础，也是最基本的管理规范。由于受到政府部门的改革影响，原有的定员定额标准已经不能充分适应现有实际情况，应当积极进行相应的科学更改。其次，也要积极对相关的数据信息进行科学合理的预测与分析，充分提升预算与真实情况的符合度，有利于高效开展相应的预算考核与执行工作。第二，预算编制，能够积极依据相应的预算编制管理流程，科学进行相应程序以及方法的选择。第三，预算执行，要加强预算执行行为的公平、公正性，有效对整个执行过程进行科学控制。第四，预算绩效考核，能够积极将预算结果与业绩评价有机结合起来。

（二）收入与支出管理

公共组织收入，也就是在积极开展相关业务活动时所获取的一些非偿还性资金。公共组织支出，也就是开展活动过程中所发生的各种资金的消耗或损失。

我国国民经济发展过程中，国家是鼓励企业积极通过合法手段，通过激烈的市场竞争获得相应的收支活动。并且，收入越多越好。收入与支出二者之间也有着相对较突出的配比关系。而公共组织在进行收入获取的过程中，一般不存在明显的配比关系。而是依据公共权力来获得大多收入的，在此过程中，不可避免会出现一些道德风险，而获得更多的利益等。比如为了迎合个人利益，过度行使公共权力，而获得各种收费、罚款等活动，对广大公众的利益造成了不同程度的损害。因此，公共组织财产管理过程中也应该注重保障收入的合法性，能够及时地对收入的结构进行有效的完善，并明确相应的支出范围，科学建立合理的理财制度，确保公共组织财务管理的高效进行。

公共组织收支财务管理制度一般有三个方面。

1. 内部控制制度

在开展公共组织收支财务管理工作时，为了避免可能发生的一些贪污腐败等不良问题，就应该积极对相关的岗位与职务进行有效分离设置，充分形成各个部门与员工之间的相互牵制关系，从而彼此之间相互监督，促进公共组织内部控制制度的形成与发展。

2. 财务收支审批制度

为了能够保障公共组织收支规范化的运行，就应该积极成立相关的财务审批制度。

3. 内部稽核制度

为了保障公共组织资金管理方面的安全性问题，就应该积极建立相关的内部监督审查制度，能够及时地对资金管理情况进行有效的审查与监督，从而更科学地保障资金管理安全。

（三）成本管理

我国公共组织在从事相关的管理工作时，往往更关注于实际收益，并没有关注成本的投入，以至于政治账算得很清，但是经济账却相对含糊，这样的状况在一些非营利组织以及事业单位中都存在。

由于公共组织具有一定的公共特性，整体是围绕着公众的利益而展开相应服务工作的，但并不是要忽视一切成本。20 世纪 80 年代以来，西方各国已经积极意识到成本核算的重要意义与价值，并已经将其引入公共组织管理工作中。

公共组织成本管理应包括以下内容。

1. 综合成本计算

公共组织成本管理过程中，需要积极地依据相关的成本驱动要素，设置相应的管理费。并紧紧地围绕一系列的工作流程，积极在成本与用途之间进行联系构建，并明确相关工作人员的各自职责。

2. 活动分析和成本趋势分析

公共组织成本管理过程中，要积极地对其中相关的政府项目及流程进行科学化的探究，争取探究到能够花更低的成本来展开的项目，或者在进行相关任务执行的过程中能有效降低成本的各种途径。

3. 目标成本管理

科学制定支出上限，能够对业务活动开展过程中的各项成本进行科学的掌控。另外，还可以积极将绩效管理目标与成本有机结合起来，科学计算业绩以及相关的绩效预算，充分实行目标成本管理。

（四）投资管理

通常情况下，公共组织投资包括了政府组织投资，主要是为一些社会大众进行服务，积极开展的一些公共基础设施的建设等。相对而言，成本较高，风险较大，但是影响力相对较广。而另一方面的非营利组织投资，主要指的是非营利组织对外的投资行为。

公共组织投资活动的财务管理主要侧重于：第一，在开展投资行为时，要积极地对其中的项目进行相关的成本收益分析，有利于公共组织展开合理的决策。对于一些政府投资项目，不仅要考虑社会效益，也要考虑经济效益。第二，保障资金使用效率。通过积极制定相关的投标制度或采购制度等，能够对资金使用效率进行高效保障。第三，核算制度要清晰、明确，能够对整个投资项目中的各项收益、财务信息等进行有效的核算，提供相对清晰的财务信息。

（五）债务管理

通常情况下，公共组织债务也就是公共组织需要积极对自身所欠下的债务进行有效的偿还。在此过程中，比较突出的就是高校在进行扩建中所形成的银行债务等。

对于一些由于政府所涉及的债务，比如债券、借款等，这一系列的债务行为应该积极纳入财务管理的范畴内。而对于一些行政单位所发生的债务问题，由于数量并不大，因此可以将这部分纳入公共组织财务管理的范畴中。

从财务管理角度实施公共组织债务管理的主要内容有：第一，基于公共组织的实际特征，它们的偿还能力是比较有限的，因此要积极建立相关的财务风险评估体系，为公共组织所要进行的投资行为进行有效的风险预估，从而降低债务风险，避免超出公共组织的偿还能力。第二，积极建立偿债准备金制度。能够对所可能存在的各种债务危机进行有效规避。第三，成立科学化的核算制度。能够对公共组织的债务情况进行科学化的分析与反映。

（六）资产管理

通常情况下，要依赖于一定的行政手段来进行相关公共组织资产的获取，具有较大的随意性。目前，我国的公共组织资产所提供的产品与服务其实配比并不合理，使用效率也偏低，有些资产处置还不够规范等。

从财务管理角度实施公共组织资产管理的主要内容有：第一，科学编制资产预算表，能够对公共组织的现有资产存量进行有效的说明。同时，也要对新增资产的相关使用途径、预期效果等进行全面的了解。并对资产配置做出合理规划。第二，科学健全资产的整个登记、验收、保管等流程，确保资产正当合理使用，避免资产流失。第三，科学成立相关资产共享制度，充分提升公共资产的使用效率。第四，积极对资产核算及信息进行有效的披露，能够更公平公正地呈现公共组织资产的实际信息。

（七）绩效管理

为了实现公共管理的目标，就要积极地对相关的公共组织绩效进行科学管理，发挥出高效政府的实际功效。在此过程中，要对公共资金效率进行有效管理，充分保障资金投入与实际办事效果的质量，充分提升公共组织的办事效率，从而有效实现相应的社会目标以及廉洁高效的公共组织目标。

从公共组织财务管理角度看，主要是把绩效管理同预算管理、公共支出管理等内容结合起来。

（1）建立以绩效为基础的预算制度，将绩效与预算拨款挂钩。（2）建立公共支出绩效评价制度。（3）在会计报告中增加年度绩效报告。（4）开展绩效审计，进行有效监督。

第四章　新时代财务管理的创新理念

第一节　绿色财务管理

随着我国国民经济的快速发展，各行各业也迎来了一定的发展与进步。当人们在为现代化的发展成就喝彩时，却发现我国的资源总量其实在逐渐减小，环境质量也引起了人们的普遍关注。在这样的时代背景下，为了能够高效促进财务管理工作的现代化发展，就应该积极朝着绿色管理方向进行有机发展，而这个绿色管理也就是积极地将资源管理与环保乃至社会收益有机结合起来的一种现代化管理方式。

一、绿色财务管理概述

绿色财务管理其实是建立在之前财务管理方法的基础之上，对环境与资源进行更多的关注，为的是能够彻底地促进我国社会的长久发展。

（一）绿色财务管理的内容

1. 绿色财务活动

绿色财务活动不仅要关注原有的财务内容，也要积极将环保与资源利用这两个因素有机融合进来。鼓励主体在开展财务活动的过程中，能够积极地将资源的利用与消耗、生态环境的保护以及所需投入的资金等综合融入进来，紧紧地结合经济效益展开全方位的综合考虑，切实促进我国社会的长远发展。

2. 绿色财务关系管理

绿色财务关系管理，也就是积极处理好债权人、债务人、供应商、买家等彼此之间的财务关系，同时也要积极将资源的关系以及环境关系有机纳入进来。在进行新项目开展的过程中，也要积极地与环保机构以及资源部门进行有效的沟通与交流，充分协调好彼此之间的绿色财务关系管理，避免出现一些严重的资源问题，有效规避资源受损，无法被长久利用这一现象的发生。

（二）开展绿色管理的意义

1. 带动财务管理工作的进步

众所周知，财务管理工作也属于一种科学体系，是具有动态发展变化性的。随着我国社会文明的高度发展，当社会环境发生一定程度变化时，相关的各种系统与体制也会随之发生变化。而只有紧紧地迎合新时代的发展趋势，才能够有效地开展更文明的社会活动。由于在我国资源总数是不会增加的，反而会不断地减小，为了能够促进我国社会的长久发展，就应该积极进行绿色管理。

2. 促进社会和谐发展

纵观人类社会的发展史，人类为了获得生存和发展的需求，一直在开展各种各样的活动，而这些多元化的活动的核心目的都是能够获取一定的利益。由于人类的总数在持续性地增加，因此一个单独的个体所产生的一些环境资源问题等，也许不会对全球的生态资源造成一定的负面影响。可是如果是全球几亿人共同的活动，那么不可避免会造成生态环境的恶化。为了人类的长久发展，人们就应该积极对自身的各项行为进行有效的约束，科学避免可能导致的生态环境恶化等现象的发生。为了人类的子孙后代能够很好地生活在地球上，那么就应该积极开展相应的生态环境与资源保护工作。基于这样的生存背景，人类应该积极开展绿色管理。

二、加强绿色财务管理的措施

（一）加快对环境、资源等产权认定的研究步伐

为了能够促进人类社会的可持续发展，在进行相关的环境、资源等产权认定时，是具有一定难度的。这个时候，人们应该积极对绿色财务管理进行有效的了解与认知，并将绿色财务管理落实到具体的工作行动中。其次，要积极对绿色财务管理人员队伍进行有效的建设。既要培养相关财务管理方面的专业人才，也要对环境保护方面以及资源管理方面的专业人士进行高效培育。比如高效培育精算师、数学专业人才、地理专业人才等。由于这样的人才队伍建设，对于人类社会可持续发展具有重要的意义与价值，因此在开展绿色财务管理工作的过程中，要对相关人员进行思想上的引导与教育，并在长期的工作实践中积极落实。相对而言，绿色财务管理工作是比较烦琐的，也呈现了一定的艰巨性，但是具有远大的前景。

（二）加强各国政府间的沟通协作，责任共担，共同发展

在开展绿色财务管理过程中，全球各国政府要积极进行合作沟通，共同承担责任，

一起实现人类社会的繁荣发展。在此过程中，首先，要摒弃所谓的环保从众心理，能够真正意识到绿色财务管理的重要意义与价值，充分对自身的政府行为进行有效的约束与管控，促进各个政府之间的交流与协作，共同遵守相关的环境保护以及资源管理公约。其次，要积极结合自身国家的实际情况，积极制定相关环保与资源管理政策以及相关的法律法规，并强制执行。最后，也要积极加强舆论宣传的作用，引导各个主体能够有效地约束自身的行为，充分促进环境的净化以及资源的可持续利用。

（三）健全绿色财务管理的评价体系

在开展绿色财务管理评价时，要积极对相关的评价体系进行有效的健全与完善。在此过程中，也要积极将一些新的评价指标纳入进来，并及时进行细化以及量化处理。尽管如此，由于环境变化对人们带来的幸福指数的提升，以及相关资源利用率提升所带来的经济效益等，通常来说都是比较难以量化的。并且相关绿色财务管理认知还在不断的发展与进步过程中。这些也都将导致后续的绿色财务管理评价体系的完善工作需要进一步进行。

（四）政府引导，加强对绿色财务管理的执行和监督

为了切实促进绿色财务管理工作的顺利进行，政府之间的积极合作以及科学实现共赢具有重要的意义与价值。可是，在进行具体实践过程中，由于涉及多种主体，比如国家、组织、企业、个人等，因此政府的引导作用非常重要。政府不仅要健全相关的政策法规等，也要积极实行相应的奖励与惩罚措施。这样才能够严格保障相关主体积极进行绿色财务管理的执行，并充分发挥出相关主体的监督作用。

第二节　财务管理信息化

新时代背景下，企业财务管理信息系统隶属于企业管理信息系统。随着网络技术以及信息技术的快速发展，现代化的财务管理系统也获得了进一步的发展，可以高效进行目标成本管理以及预算控制管理。可是曾经简单的财务电算化管理系统已经不能充分紧跟时代的发展需求，企业需要积极建立更加完善的财务管理信息系统，能够积极建设可以将会计核算、财务管理以及企业运营管理融为一体的综合化信息管理系统。通过积极地将单纯的会计核算财务管理分析系统向企业的整体化信息系统转变，切实促进企业的生产运营与管理，也为企业管理者的科学决策起到辅助作用。

一、信息化建设的重要意义

从管理角度来看，信息化建设在企业财务管理工作中具有重要的实践意义，主要表现在以下四个方面。

（一）信息化在财务管理工作中的应用大大提高了企业财务管理工作水平

财务管理工作中的信息化应用可以改变传统的会计工作模式。相关会计人员只需要通过简单的操作方式，就可以对大量财务数据进行科学化的录入以及反复修改等。同时还可以有机生成各类财务报表。因此积极利用信息化系统可以高效提升财务工作人员的工作效率和质量，同时也可以有效提升财务数据的精准度。

（二）信息化在财务管理中的应用可以有效控制企业成本

企业财务管理工作中，为了有效地对成本进行控制，高效保障企业最终盈利，就应该积极利用财务管理信息化建设，对生产运营中的各项大额成本支出，在整个财务管理流程中留有痕迹，充分提升企业对成本支出的实际掌控能力，降低可能超标现象的发生，从而更高效地展开成本控制。

（三）财务管理信息化建设使企业的资金管控更为严格

企业在进行日常经营管理活动中，其实是以货币对企业监管过程中的资金收支情况进行有效的记录与统计。在这一过程中，其实是紧紧围绕预算管理而展开的相关资金管控活动。例如项目资金管理过程中，也就是以资金的实际使用状况展开相应的资金管理分析工作的。通过积极构建财务管理的信息化系统，有助于企业提前对企业资金的使用状况进行科学化的预测与统筹规划，降低采购与财务之间的来往频率。同时，也有利于财务人员积极通过信息化系统及时获取相关采购计划的信息，及时制订出相应的资金筹划以及付款计划，充分提升工作效率和质量，减少一些财务管理漏洞的发生。

（四）财务管理信息化建设提升了企业财务信息传递与交流的时效性

在我国改革开放的初期，人们经常将时间与金钱等效起来，将效率与生命等效起来。其实这样的关系是建立在信息的高效传递与交流基础之上的。21 世纪以来，各个企业之间的竞争十分激烈，同时也属于信息之间传递的竞争。因此，在财务管理工作中科学融入信息化建设，有利于企业各个部门之间财务信息的交换与整合。通过积极借助于计算机技术，对相关的数据进行有效的分析与反馈，从而更高效地提升企业财务信息传递的效率，高效保障企业财务质量。

二、企业财务管理信息化建设的发展策略

（一）树立正确的财务管理信息化发展观念

新时代背景下，企业要积极利用现代化发达的计算机技术、网络技术等，科学开展财务管理信息化建设，有效促进财务管理现代化发展与进步。通常随着企业财务管理信息化建设的发展，企业各级领导要积极进行部门合作，充分展开相应的信息化建设进程。在此过程中，不仅要树立现代化的信息理念，也要积极重视财务管理信息化建设的重要意义与价值，能够积极地支持相关信息化建设工作的开展，及时解决可能遇到的各种问题。同时，也要积极优化相关的技术条件，提升相关操作人员的专业水平，充分发挥出企业人力、财力、物力的综合作用，充分促进财务管理信息化建设。尽管财务管理信息化建设有利于企业的现代化运营与发展，但是并不是解决所有财务问题的万能钥匙。在财务管理信息化建设过程中，企业各级领导应该积极依据企业的基本条件，能够一步一个脚印地进行信息化工程建设。这样才能够为财务管理信息化建设奠定坚实的人力以及管理技术基础。

（二）加强领导对财务管理信息化建设的重视

新时代背景下，信息化技术快速发展，而信息化已经成为全球社会发展的主流趋势。在这样一场革命变革中，全球范围内的信息技术也对人类社会的未来发展方向造成了不同程度的影响。同时，也将在全球范围内建立起一个全新的信息社会。因此，为了能够充分完成财务管理信息化建设，企业领导需要充分重视信息化建设的重要意义与价值，能够积极依据企业的实际发展状况以及具体财务管理工作的真实需求，科学制定具有一定特色的财务管理信息化建设系统。由于在进行这样的财务管理信息化建设中，需要投入大量的资金，因此企业主管要积极支持这样的财务管理信息化建设。只有这样才能有效地落实大量的资金投入。因此对财务管理信息化建设的高度重视是该项工作取得成功的基本保障。

（三）加大对财务管理信息化建设的人才培养力度

随着时代的发展与进步，越来越多的企业逐步意识到财务管理信息化建设的重要意义与价值。可是，相关的财务管理信息化操作人员以及管理人员还比较缺乏。

尽管越来越多的企业已经逐步意识到财务管理信息化建设的重要意义与价值，但是由于发展历程较短，仍处于摸索阶段。在这一过程中，就需要有大量的专业人士能够

熟练地应用财务管理信息化系统。可是科班出身的还是相对较少。而高校里的一些专业财会人员也没有及时奔赴社会。而在企业里面的一些人员也仅仅是接受过短期的操作培训就已经“光荣上岗”了。因此对于其中的财务管理信息化建设基本是一知半解，一旦出现一些操作系统问题，那么依靠企业自身的技术力量尚不能真正解决问题，只能聘请一些外援人员进行指点。为了促进企业财务管理信息化建设的快速发展与进步，就应该积极对相关财务管理人员进行科学培育，加大对财务管理信息化建设人才的培育力度，切实促进企业财务管理信息化建设的发展与进步。

（四）注重对财务管理信息化软硬件设施并重的建设

随着信息技术以及网络技术的快速发展，财务信息化已经成为一种发展的必然趋势。新时代背景下，企业也要积极认识到财务信息化建设的意义与价值。紧跟时代发展的潮流，更新自身的相应技术，才能够立于不败之地。企业要想充分促进信息化建设的发展，就应该积极重视软件及硬件建设的有机结合，不可厚此薄彼。通常情况下，硬件设施是信息化建设的基本前提。软件设施则是信息化建设的核心所在。没有硬件设施以及软件设施，那么企业财务管理信息化建设将是一潭死水。只有将二者有机结合起来，共同发展，共同进步，才能够真正实现企业财务管理信息化建设的初衷，切实促进企业的长期稳定良性发展。

第三节　财务管理与人工智能

新时代背景下，人工智能技术也获得了快速的发展。在开展财务管理工作时，积极将人工智能技术与财务管理工作有机融合起来，充分实现更高效的财务预测、决策、控制、分析等。通过积极运用人工智能技术，可以将相对复杂的财务问题进行有效分解，转变为若干简单的财务管理子问题，最终得到正确的解决答案。

一、人工智能技术给财会行业带来的机遇

（一）提高了财会信息的处理质量

新时代背景下，为了保障我国财会行业中相关财会信息以及审计信息的真实性，那么就应该积极采用人工智能的方式，减少人工处理财会信息的次数，充分增进财会信息的真实可靠性，保障财会信息处理的效率和质量。

（二）促进财会人员有效的工作，节约人力成本

新时代背景下，我国社会上已经出现了很多专门为小企业进行做账的专业公司。无论该公司的领导者对会计相关记账法是否了解，都可以积极通过该公司的软件及时对原始凭证进行电子扫描，自动生成各类财务报表，充分降低财会专业人员的工作强度，也可以相对提升会计核算的时效性。另外，审计部门也可以积极利用相关审计软件，高效开展审计工作。还可以及时利用软件对财务报告中所出现的一些审计问题进行深入的剖析，从而有利于审计人员更高效地利用审计手段解决相关问题。

（三）实施完善的风险预警机制，强化财会人员的风险意识

假如一个企业拥有健全的风险预警机制，那么将有利于财会人员及时地发现所存在的风险危机，并及时采取科学化的决策避免这些危机。由于企业内部资金项目通常来说是比较复杂的，难以进行横纵向对比。其次，一些财会人员的信息综合处理能力相对较弱，因此可以积极采用人工智能技术，科学建立风险预警模型，能够对各种真实的财务数据进行事先模拟与预警，充分保障企业资金的正常运营。还可以有助于企业及时发现风险漏洞，及时地改正并纠正这些问题，从而促进企业的良性稳定健康发展。

（四）实现了更为专业的财会作业流程

新时代背景下，财政部门已经越来越意识到管理会计的重要意义与价值，并充分将其作为会计改革的重点发展方向。而传统的会计工作模式，通常会造成大量核算信息的重复性发展。并且对财务风险预警的运行造成了不同程度的影响。因此，新时代背景下，应该积极利用人工智能技术，对一些重复性核算工作的财会人员进行精减，并积极聘用更多具有优秀专业水平以及丰富管理会计知识的财会人员。

二、人工智能技术在财务管理中的应用

（一）财务管理专家系统

如今的财务管理专家系统涉及了一系列的财务管理知识、经验、技能等，可以对各类财务问题进行科学化的处理。为了充分减轻财务管理专家的相关工作强度，一些企业都将涉及财务管理的技能与理念等，纳入了财务管理工作中。

人工智能技术在财务管理专家系统中的应用，根据具体的财务管理内容将其划分为筹资管理专家系统（涉及资金管理）、投资管理专家系统、营运管理专家系统（涉及风险管理与危机管理）、分配管理专家系统。这些系统中又涵盖了财务规划及预测、财务决策、财务预算、财务分析、财务控制几方面的子系统。

通过对上述各系统进行积极有效的整合处理，财务管理专家系统可以呈现出一系列的优势，比如完善了财务决策、对财务预测的精准度进行了有效的提升，同时也有利于将财务预算与实际结果保持一致性，充分提升财务控制效率，有利于拓展财务管理的局面，促进财务分析更细致、全面地进行。

财务决策子系统在整个财务管理专家系统中占据着重要的地位。该系统的顺利运行，也需要其他各个子系统的有力支持。因此，需要积极对这些子系统进行集成处理，充分形成更智能化的财务决策支持系统，对相关资产分配情况进行积极的分析与优化，并依据内部控制结果，对投资期限等进行更深入的分析。同时，也要积极利用套期保值策略，充分对投资方案进行逐步的完善与优化。

（二）智能财务管理信息共享系统

财务管理查询系统和操作系统是智能财务管理信息共享系统的主要内容。通过 Microsoft Visual Studio.NET 对财务管理查询系统进行部署，然后操作系统中的 IIS 服务负责相关发布。将 .NET 框架设置于发布平台上，该框架负责运作各个 .NET 程序。

基于节约成本理念，企业可以积极构建相应的财务管理信息共享体系，及时地向利益有关方传达真实可靠的相关财务信息。比如可以通过 B/S 模式积极有效进行相应的信息共享体系的构建与使用，充分节约成本，促进相关财务信息的及时共享，相对提升财务信息处理效率。

企业可以通过 IIS 操作系统对相应的财务信息进行积极有效的发布，同时科学建设相关的财务管理查询系统。企业内的各个部门假如需要查询相关财务管理信息，可以积极通过外部浏览器进行即时访问，而企业外围人士可以积极通过因特网来对本企业每一日的财务状况进行科学的阅览与掌握。

财务管理信息共享系统的使用将使财务管理工作变得更加的简便与完善，同时还可以积极利用相关的接口技术，直接对相应的 ERP 财务信息包进行及时的吸收，为财务管理信息的透明化奠定了一定的基础。同时，这样的公开化财务管理信息也有利于凸显出财务管理的即时性。

（三）人工神经网络模型

人工神经网络指的是积极通过一些外部的电子元件等对人脑神经系统工作机理进行有效的模仿，从而搭建出来的一种网络结构。人类可以积极通过这样的神经网络进行相关知识学习与推理，从而对人类的视野范围进行有效的拓展并强化，增强了人类的相关控制意识等。

人工神经网络其实具有一定的复杂性。通常覆盖了反馈网络，可以及时地将相关信息反馈到前一层或同一层的神经元中，实现正向传播以及反向传播。而前馈网络指的是输出信号主要是以单向传播方向进行上下两层神经元的传递，同一层内的神经元不能相互传播信息。正是由这些递归网络以及前馈网络两部分有机构成了人工神经网络的反馈网络。

人工神经网络存在很多类型，比如 RBF 网络、BP 网络、ART 网络等。其中，RBF 神经网络现已在客户关系管理、住宅造价估算等领域中得到了有效应用；BP 神经网络现已在战略财务管理、风险投资项目评价、固定资产投资预测、账单数据挖掘、纳税评估、物流需求预测等众多领域中得到了有效应用；ART 神经网络现已在财务诊断、财务信息质量控制、危机报警等领域中得到了高效的应用。

随着人工智能技术的快速发展，很多学者已经能够积极地将人工智能技术运用于相关的经济领域以及管理领域中。而在财务管理过程中，相关财务管理人员可以积极利用 BP 神经网络来对企业的财务状况进行科学化地预测，并取得了良好的成果。因此，BP 神经网络已经成为人工智能技术研究的核心，并为财务管理的下一步深入研究奠定了坚实的技术基础。

总而言之，随着我国科学技术的高速发展，智能化的财务管理已经成为时代的大势所趋。积极利用智能财务管理专家系统，可以对相应的财务管理工作效率以及质量进行有效的保障。为了充分地促进财务管理专家系统的智能化发展，可以积极将复杂的财务管理工作交与智能财务管理专家进行全权处理，从而简化财务管理人员的工作量。新时代背景下，可以积极依据“以人为本”这样的理念，更高效地开展财务管理工作，保证各个财务主体能够获得良好的稳步发展，同时也帮助相关者获取一定的预期效益。

第四节　区块链技术与财务审计

随着信息技术的快速发展，在进行分布式账目建设时，可以积极采用区块链技术，有利于交易者能够存储一份相同的文件，并随时进行访问与查看。从资金支付业务视角来看，这种做法具有十分重要的意义与价值，可以充分保障相关信息的安全性与时效性。在财务以及审计方面，区块链也对财务会计的发展起着积极的促进作用。尤其是工业革命以来，工厂的广泛建立，需要积极开展核算成本，科学进行成本分析，从而保障相关股东权益最大化。随着时代的不断发展与变迁，当互联网技术日益成熟时，企业交易也日益复杂起来，产生了大量共享数据。此时，人们可以积极利用会计电算化软件以及相关会计软件积极进行业务交易，充分改变了传统企业的业务交易形式，可以通过一些纸质会计凭证对企业间的经济关系进行更客观的反映。而互联网背景下，企业可以积极通过区块链技术实现数据共享。随着大数据技术以及云计算技术的日益成熟，以区块链技术为核心的财务管理已经获得了进一步的发展与变化。因此，区块链技术对于财务审计工作的发展具有十分重要的意义与价值。

一、区块链的概念与特征

区块链其实属于一种现代化的数据库技术，可以将位于全球各地的各种交易数据有效连接起来。在这一过程中，可以通过区块链技术，及时调取相关数据信息，并不削弱现有的信任成本等，便可以高速提升访问速率。区块链已经是新时代背景下的一种分布式记账方式。通常情况下具有以下特征。

（一）没有数据管理中心

科学运用区块链技术，可以将位于全球范围内的各种数据进行有效连接。在此过程中，每个节点的交易数据都可以通过密码算法实现访问。并且每一项交易数据，可以由网络内的用户进行审批，并不需要额外的信任背书等。假如有一个节点遭受攻击，并不会影响到其他链路的数据。而传统的中心化网络，假如一个节点受到攻击，那么整个系统都可能会被破坏。

（二）无须中心认证

区块链技术主要运用的是哈希算法以及相应的链路规则。在进行交易时，并不需要获得传统机构的相关认证。每一项交易数据都可以由其中的网络用户给予信用评价。并且当网络节点数不断增加的时候，整个系统相对而言反而更加安全。在整个区块链网络中，只需要二者之间相互信任即可。当节点不断地增加，系统的安全性也会不停提升。

（三）无法确定重点攻击目标

区块链技术采用的是单向哈希算法。由于网络节点相对来说比较多，很难进行相应的攻击。而对区域块内的数据信息进行篡改也具有一定的难度。假如有一区域块内的数据信息遭到篡改，那么其他节点就会对该节点进行一定的排斥，确保相关数据的安全性。假如攻击节点过多，那么反而不容易确定相应的攻击目标。

（四）无须第三方支付

区块链技术的运用有利于交易对象更安全进行货款支付，同时也避免了第三方支付的进行，因此，相对而言可以有效降低支付成本。

二、区块链对审计理论、实践的影响

（一）区块链技术对审计理论体系的影响

1. 审计证据变化

由于区块链技术的运用，传统企业之间的交易也转变为在网上进行，而曾经的传统会计凭证也转变为非纸质数据。在开展相应的审计工作时，需要通过相关的数据链路来对交易中的各类数据凭证进行有效追踪，从而实现对证据的核对。

2. 审计程序发生变化

随着区块链技术的应用，传统审计程序也发生了一系列的变化。如今基于互联网技术开展审计工作时，其实是采用白箱法与黑箱法及时地对相关程序进行有效审计，从而切实对其可靠性进行有效验证。而在进行执行审计的过程中，主要借助于逆查法，积极对相关报表数据进行有效的技术跟踪，从而高效保障数据审计工作的精准性与客观性。

（二）区块链技术对审计实践的影响

1. 提高审计工作效率、降低审计成本

基于区块链技术，如今计算机审计工作也呈现了一系列的优势，比如完整性更强、客观性更高、永久性更有保障等，充分实现相关审计目标。其实，去区块链技术诞生后，人们可以通过网络来开展相应的审计工作，充分保障了审计工作的效率和质量。同时也能解决传统审计证据的一些不足等问题，充分为治理层提供更真实可靠的相关会计信息，有利于对管理层进行高效监管。而传统审计工作中，需要通过专门的审计人员进行相应的发询证函等工作。经过一段时间后，才能够进行有效的证实，因此相对而言，传统审计时效性相对比较差。而如今的现代化计算机审计，可以更快速地进行相关数据共享与追踪，确保计算机审计工作的安全性。另外，由于区块链技术并没有一个对数据进行综合管理的中心，因此具有一定的不可逆性。相关审计人员以及政府等可以积极通过区块链技术及时对相关账本进行有效的追踪，确保审计工作的精准度。另外，通过计算机进行相关数据计算与统计，也可以有效保证审计工作的高效性。

2. 改变审计重要性认定

在开展审计工作中，需要充分意识到审计工作的重要意义与价值。传统审计工作开展过程中，需要对其中一系列相关的重要指标进行有效的审计确定，然后再对相关数据进行科学计算，明确相应的财务指标，并对其中重要性的比例与金额进行科学计算。通过一系列的手工审计，发现会计业务中的一些错误报告，然后对其中相应的错报金额

进行相应的重要金额度量分析与判断，来展开进一步的审计工作。而计算机审计可以对相关的账项进行详细的审计。一般情况下，不需要对审计重要性进行科学判断，然后再开展相应的审计分析工作等。

3. 内部控制的内容与方法也不同

传统审计工作开展过程中，一般都是采用概率统计技术，并以制度为基础展开相应的抽查审计工作，充分保障审计的效率及效益。区块链技术诞生后，科学运用计算机审计，有效提升审计的效率和质量。尽管区块链技术可以保障计算机审计的安全性，但是还存在一定的风险。因此传统式的内部控制也有存在的必要性，只是其核心内容发生了一定程度的改变。人们不仅对计算机及网络进行有效的安全维护，也更注重相关计算机操作人员实际职责的分工与监督。通过积极利用内部控制评估方法，有效地对相应的内部控制环境进行科学地调查与评估。同时，还可以积极采用视频监控设备等实现实时监控。

三、区块链技术对财务活动的影响

（一）对财务管理中价格和利率的影响

网络技术的高速发展，基于网络的一些商品交易行为通常采用数字化和虚拟化的支付手段来进行相应的资金支付，并且相关商品信息更透明、更公开。传统商品经济状况下的一些信息不对称现象也消失了，价格更加透明。因此，在进行相应的财务管理过程中，曾经的一些价格、利率等分析也发生了不同程度的转变。

（二）财务关系发生变化

随着信息技术的快速发展以及区块链技术的运用，如今借助于大数据技术以及密码学技术等，企业之间也进行了有机的联系与合作，从而诞生了更复杂的财务关系。比如，如今企业之间的资金运动，已经是以电子货币的形式进行展开的。而财务关系也突出表现为大数据彼此之间的内在联系，也可以说是区块链关系。这样的财务关系可以有效凸显出企业与企业经济之间的内部联系，也对一些地方关系进行了不同程度的削弱。

（三）提高财务工作效率

1. 直接投资与融资更方便

基于区块链技术，互联网金融发展初期还需要通过银行第三方实现网上支付。而如今，随着网络金融的快速发展，人们已经可以通过利用互联网下载一个区块链网络客户端，然后就可以有效进行相关的各类理财活动或者金融通等金融服务，充分实现更便捷的交易结算。而这个时候通过几秒钟即可以完成曾经的资金结算、投融资等活动，同时还能及时收到相应的投资红利记录以及相应的支付记录等，并且这些交易环节更加安全与透明。

2. 提高交易磋商的效率

基于区块链技术，人们可以及时地在网上进行相应的交易沟通，同时还可以采用视频技术开展贸易活动磋商，以及通过网络进行合同传达。借助于区块链技术，及时对合同的有效性进行科学验证，从而高效提升财务的执行效率。不仅改善了传统的商务磋商形式，更有效地节约交易时间，促进商务活动的高效开展。

（四）对财务成本的影响

1. 减少交易环节，节省交易成本

基于区块链技术，人们可以进行更便捷的电子商务交易活动。同时积极利用 ERP 财务软件，有效实现相关交易信息数据的及时更新。另外，可以进行点对点的交易支付，充分解决曾经的双向付费问题。另外，在进行一些跨境交易业务中，相应的佣金及手续费用也可以获得不同程度的减少。

2. 降低信息获取成本

随着互联网技术的快速发展，人们已经开创了电子商务活动新模式。通过积极利用网络以及区块链技术，可以对相应的业务活动进行有效的监控与跟踪，从而寻找到更合适的投资方，及时实现企业重组计划。同时，也可以采用区块链技术寻找到资金来源，获得更多投资收益。综上可见，区块链技术可以使业务活动中的财务信息获取成本有一定程度的降低。

3. 降低信息维护成本

如今很多企业都通过网络技术进行大量财务数据信息的处理，这一过程中需要产生一定量的维护成本。为了能够有效地降低成本，可以积极采用区块链技术，科学成立不基于中心的信用追踪机制。通过区块链网络进行相应交易记录、声誉等信息的查询。交易方还可以通过网络技术，及时对企业的相关财务数据进行在线查询，从而对任何企业的身份进行有效验证，从而降低了相应的信息维护成本。

4. 降低财务工作的工序作业成本

企业财务管理工作需要经过很多流程，每一个流程都需要耗费一定的成本。为了切实落实企业财务工作，高效保障财务工作的效率和质量，就需要积极运用区块链技术。由于区块链技术具有的无中心性，可以对相应的财务管理工序进行有效的减少，同时还

可以高效节约各项财务管理工作的时间。在这样的一个安全的环境下，可以更高效开展财务工作，从而有效节约各项成本。

第五节　网络环境下的财务管理

新时代背景下，企业为了获得更好的现代化发展，就要积极注重财务管理工作的重要意义与价值。为了充分推动企业的现代化发展，在开展相应的财务管理工作时，要紧紧地顺应时代的发展潮流，充分利用互联网技术，创新财务管理工作模式，有效优化并改进财务管理工作方式，切实促进企业的现代化发展与进步。

一、网络环境下财务管理的优势

新时代背景下，可以积极采用网络技术运用于财务管理工作中。既有利于相关财务数据的收集、整理、分析，还可以充分提升财务管理的工作效率和质量，科学规避一些财务风险，同时也有利于企业管理者及时发现企业经营问题，明确企业经营方向，促进企业的现代化管理的发展与进步。其次，还可以有效突破时空限制，积极进行资源共享，促进企业生产经营的现代化调整与改进，积极实行财务与相关业务的协同发展模式，有利于提升企业的竞争实力，促进企业的长期稳定良性发展。

二、网络财务管理存在的主要问题

网络财务管理虽然有很多优势，但从目前情况分析，仍存在以下四个主要问题。

（一）网络财务管理的安全问题

新时代背景下，网络财务管理具有一定的优势，但是也不可避免地会出现一些安全隐患问题。首先，如果财务管理人员没有及时将相关重要信息存入磁盘或光盘内，那么一旦计算机出现一些故障，很可能导致一些关键性的财务信息丢失，影响相关资料的查阅与寻找等。其次，有一些财务人员由于素质不高，对一些财务信息进行了删除或伪造，那么也容易出现一些问题。最后，电脑病毒的出现容易导致计算机出现故障，不可避免地对财务管理工作造成了不利影响。

（二）网络财务管理的资料保管问题

1. 财务档案保管不规范

财务档案具有重要的司法意义，相关人员应该树立严格的财务档案保管意识。可是在实际工作中，有一些部门成立了一系列的小档案室，导致一些档案资料不能集中保管，容易发生遗失现象。另外，当一些部门在进行财务交接时，有人会恶意对相关档案资料进行销毁，以至于资料查询相当困难。还有的资料室借阅制度不够完善，没有严格地对财务档案进行保管以及相应的查阅、借出等，以至于关键时刻查询不到相关财务档案。

2. 档案管理人员综合素质不高

如今，一些部门在进行档案管理时，没有充分意识到档案管理的重要意义与价值，也没有配备专业的档案管理人员，而是由一些财务人员兼职进行。这些财务人员由于没有受过系统的档案管理专业教育，他们所进行的档案管理质量达不到一定的标准。另外，还有一些专门进行档案管理的人员，由于专业知识水平不够格，计算机操作也不是很熟练，并且文字表达能力相对欠缺，在进行相应的档案管理工作时，不能够灵活处理相关实际问题。

（三）网络财务管理的审计取证问题

如今，审计人员在开展审计工作时，需要积极地从一些账目中寻找取证的依据。可是由于进行的是网络化财务管理，审计人员所能查找的信息一般都是网络上的电子凭证，由于这样的电子凭证如果被篡改或删除，基本没有什么迹象，因此审计人员很难进行相应的审计工作取证。另外，我国相关财政审计取证制度还不够完善与健全。相关审计统计软件的一些实际功用并不是很完善，在进行取证时没有一个更科学合理的取证标准，以至于审计人员在进行财务信息收集时具有一定的难度，也不利于开展更高效的审计工作。同时，审计风险也有了一定程度的提升。

（四）网络财务管理的技术人才问题

新时代背景下，积极地将网络技术与财务管理技术有机结合起来，从而高效开展网络财务管理工作。这个时候需要相关财务人员对相关的网络知识、财务知识、法律知识具有一定的了解与认知，也要能够掌握相关的网络系统故障排除技能，并具有一定的自主创新意识。可是实际工作实践中，有一些低学历或者无学历的会计人员不能够正确地运用网络技术以及相关的财务软件，在进行相应的网络财务管理工作时，不能够认真地钻研进去，因此不能充分满足网络财务发展的实际需求。

三、实施网络财务管理的有效策略

（一）网络财务管理的安全策略

第一，要能够对相关的档案资料进行严格的保密。在完成一些重要数据工作后，财务人员要及时地对相关数据进行销毁。第二，财务管理人员要严格坚守保密制度。在进行财务管理工作前，要积极签订保密责任状，避免泄露财务机密。第三，对相关技术实行有效的监控。在进行网络财务管理时，也要积极采用加密技术、防火墙技术、数字签名技术以及访问技术等，及时地保障相关网络财务系统的安全性，避免非法操作以及人为破坏等。第四，严格坚守法律保障制度。在开展网络财务管理工作活动时，要对网上交易行为进行严格监管，避免不法分子的违规侵入，充分保障网络财务管理系统的安全。

（二）网络财务管理的资料保管策略

1. 严格建立造册登记制度

财会人员要养成良好的造册登记习惯，在每月末及时地将相关会计凭证进行整理，检查是否齐全，并附上一定的编号。依据先后顺序装订成册，并进行封存。同时，上面也要填上相应的单位名称，并加盖关键负责人以及财会人员的印章等。

2. 严格建立资料查询制度

在进行会计资料保管时，对于已经存档的资料，需要经过相关领导同意，本单位才能进行查阅，但是也不能将原始凭证借出或拆封。而其他单位要进行查阅时，必须经过本单位核心领导的批示，拒绝复印原始凭证，更不能随意将原始凭证带离现场。

3. 严格建立保管和销毁制度

会计档案工作人员要严格依据相应的管理规章制度对会计档案进行保管与销毁。其他人严禁参与任何保管与销毁的过程。对于保管期满的档案，需要列出清单，经过审批后，才能进行销毁。

4. 严格建立信息备份和系统升级制度

财务管理人员要定期将一些重要的财务信息输入U盘或磁盘中，以备不时之需。

（三）网络财务管理的审计取证策略

新时代背景下，为了促进网络财务审计工作的顺利进行，第一，要积极开发现代化的审计系统，能够及时地将被审计部门的相关数据信息建立入库，有利于及时查证，提升数据信息质量。第二，能够对审计程序进行科学化的规范处理。鼓励相关审计人员能依据工作需求科学对相关材料进行审计，保障审计取证工作规范化进行。第三，审计人员要树立终身学习的意识，严格遵守职业道德，公平公正对待每一个被审计部门，并遵守相关法律规定，依法审计。

（四）网络财务管理的技术人才策略

1. 加强培训力度，提高员工素质

在进行网络财务管理人员培训时，需要充分保证人才的复合性。第一，他们必须具备良好的专业水平，能够熟练地运用相关财务知识以及网络知识，对相应的网络财务管理系统进行科学维护。第二，具备优秀的心理素质，能够谦虚谨慎地面对自身的职业业绩，同时也能够面对挫折与失败。第三，要具备优秀的社交能力、应变能力、观察能力等。善于与外界人士进行交往，能够冷静思考，认真进行网络财务管理工作的处理。

2. 完善激励机制，激发工作潜能

在进行网络财务人员激励时，要能够依据公平公正的绩效考核，结合每一个员工的实际特长、爱好等，灵活设置工作岗位。同时，也要定期对员工进行相应的笔试测试，比如计算机操作测试、会计业务信息处理测试等，为员工带来物质方面以及精神方面的双重激励。比如适当加薪、授予荣誉称号、参与决策权等。同时，也要积极营造一个公平、公正的竞争氛围，鼓励员工努力上进，充分对财务管理人员的工作热情与潜能进行有效的激发与调动，充分完成相关财务目标。

第六节　企业税收筹划的财务管理

现代企业管理过程中，不仅要注重企业的财务管理工作，也要积极展开相关的税收筹划工作，从而对企业的整体经营状况进行有效的优化与完善。另外，在积极开展税收筹划工作以及财务工作时，也要注意二者的联系，能够有效对企业运营过程中的赋税成本进行有效降低，帮助企业获得利益最大化，切实促进企业的现代化发展与进步。

一、企业税收筹划与财务管理相关性特点

（一）目标上的相关性

其实，企业的税收筹划目标通常也会受到企业的财务管理目标的影响。但是，二者的核心目的都是保证企业的利益最大化。因此，可以将税收筹划视为财务管理工作中的一个有机组成部分。在进行税收筹划方案时，要能够保障企业在合法范围内获得最大利润，从而优化财务管理工作。另外，积极进行税收筹划工作，可以在某方面上呈现企业的财务管理质量状况。

（二）对象上的相关性

企业的应缴纳税收资金额属于税收范围内，从管理层面来看，企业资金的周转状况以及相关的应缴纳税收资金额具有一定的内在联系性。在合法的层面上，企业要积极采用一系列手段对税负进行有效的降低。而财务管理则是对企业所有资金流动进行有效的管理，充分提升企业的经济效益。可是，税收筹划的质量将对企业财务管理的效率和质量造成不同程度的影响。

（三）职能上的相关性

企业在开展税收筹划工作时，核心目的是对企业的应交税额进行有效的降低，而财务管理主要凸显对公司资产的掌控方面。财务决策一般情况下分为多个方面，税收筹划属于财务决策中的一个有机组成部分，两者之间具有密切的联系。通常情况下，税收筹划都能够对企业资金的投资、经营等造成不同程度的影响。另外，财务管理的相关技术也可以促进税收筹划工作的正常开展。

企业在进行现代化管理的过程中，需要充分注重财务管理的重要意义与价值，而税收筹划也已经渗透到企业的各种商业活动之中，对企业的市场决策具有重要的影响意义。新时代背景下，企业应该积极看待财务管理与税收筹划之间的内在联系，能够充分意识到税收筹划的重要价值，切实推动财务管理工作的顺利进行。

二、企业税收筹划和财务管理之间的相关性分析

（一）税收筹划与财务管理之间是有层次的，一层一层递进

以市场经济学视角来看，税收筹划属于财务管理工作中的一个有机组成部分。可是从相应的目的来看，税收筹划隶属于财务类别，与一个企业的各种经济活动事项具有密切联系。

企业在开展一系列的税收筹划活动时，要紧紧地依据企业的财务管理目标，科学进行相应的财务规划，积极对相关的财务计划进行一系列的设计、选择与实施，从而高效实现相应的管理目标，最终对企业的经济效益进行有效的保障与提升。通常情况下，企业的财务价值管理目标与税收筹划目标是具有一定层次性的，也就是说通过积极将税收筹划进行多元化的层次分级，就能够有效地与企业的财务管理目标保持一致性。在企业的现代化发展中，核心目的是实现利益最大化。因此展开税收筹划时，也需要紧紧地依据这一目标，科学开展相应的财务管理活动。另外，财务筹划也属于一个多样化的目标体系，企业在进行各个发展目标实现时，相关的财务筹划目标也会发生一定程度的改

变。因此，在进行企业的现代化管理时，要充分明确如何保证企业利益最大化，是相关工作人员应该积极关注的核心问题，同时也要思考如何降低税务风险。

（二）税收筹划和财务管理是一个统一的整体

企业在进行财务决策时，需要积极考虑税收筹划这一重要要素。通常情况下，在进行税收筹划时，应该积极依据相关的税收信息与原则，及时收取相关的税务信息，科学做出管理决策。由于税收筹划可以对企业的财务决策起到一定的促进作用，同时也是整个企业财务计划的有机组成部分，可以为实现具体的财务目标而服务。因此，税收筹划应该与公司的财务有机结合起来。依据实际的税收筹划目标，科学展开财务控制手段，有效保障相应财务计划的顺利执行。同时，也要保障其中的税务支出，科学控制税务成本，并依据企业的实际财务管理状况，对税收筹划方案进行及时的反馈与评估，有利于后续管理决策的改进与优化。

（三）税收筹划和财务管理之间存在内在关联

企业在开展一系列经营活动时，需要充分意识到税收筹划与财务管理的内在联系，能够依据相关税收计划，对各类融资方式进行相应的成本计算。并对公司的实际税收造成不同程度的影响。为了能够有效实现企业利润最大化，公司也要积极依据各种相关要素，及时地对相关投资方式以及投资地点进行科学化的选择。为了能够更好地实现企业的经济效益，公司也要注重利润分配以及相应的收益累积。因此企业在进行利润分配时，也需要进行税收筹划。总而言之，在公司的一系列财务管理活动中，都需要积极进行税务筹划问题的展开，有时会对企业财务管理内容造成不同程度的影响。

（四）税收筹划还能与财务管理融合

企业在进行财务管理时，可以积极利用财务筹划工作发挥出整个系统的综合性功效。由于税务筹划工作对实现企业的财务管理指标具有一定的促进意义。另外，财务与税务其实本身具有紧密的联系。税收筹划工作也应该积极纳入财务管理工作范畴之内，切实促进企业的稳定发展。科学化将税收筹划工作与财务管理工作有机整合起来，形成一个整体，促进税收计划的实施与实现。另外，税务计划还可以促进公司利润的提升，有利于企业积极进行专业人才建设，对相关的财务管理制度进行不断的完善与优化，充分提升相关财务管理人员的综合素质，高效保障该企业的税制。

三、企业财务管理理念对于税收筹划的具体应用分析

（一）货币时间的价值性和延迟纳税

企业在生产经营过程中，需要充分意识到货币价值具有一定的时效性，也就是说在某一期间内货币价值会存在上涨趋势。在开展财务管理时，公司可以积极利用货币的时间价值性来开展更高效的管理决策，保证企业能够在一定时间内支付少量税款，在纳税的后期进行更多税款的缴纳，从而科学减轻公司的税负，这也就被称为“延迟纳税”。一般情况下，延迟纳税主要反映在企业的存货的估值方式以及固定资产折旧方式上。也就是企业可以依据相关金融规定，对相应的固定资产等进行有效的折旧，利用税率的形式对企业所得税进行提前支付。这样一来，货币价值也就相对提升了。一般情况下，延迟纳税要求公司的收益较大，能够承担一定的风险成本。如果公司在进行纳税时，依据一定的计划科学展开纳税，这样才能保证获得良好的成本效益。假如企业的税收计划成本与预期收益相比，具有一定的差距，那么可以按照这个计划进行，否则将导致公司支付更多的应缴纳税款。因此，在合理的税法范围内，科学采用折旧法，可以帮助企业对固定资产进行折旧，有利于减轻企业的税负，促进企业的稳定发展。

（二）运用税收筹划的成本效益分析

一个公司在进行相应的税收筹划时，往往也需要承担一定的风险。比如获得税收，也意味着一定计划成本的支付。通常情况下，税收筹划成本包含三个方面：直接成本、机会成本以及风险成本。直接成本，也就是直接面临的一些人力、物力、财力的支出。机会成本，指的是在进行相应的税收筹划计划时，对其他计划的牺牲所带来的经济损失。风险成本，是指由于风险的存在和风险事故的发生，人们所必须支出的费用和预期经济利益的减少。

总而言之，企业的税收制度与财务管理之间具有一定的内在联系。在进行相应的财务管理规划时，也需要积极依据公司的实际税务情况，科学制订相应的财务计划，因此企业也需要积极对实际的金融环境进行有效的分析，科学运用一系列的财务规划工具，有效对企业资源进行合理分配，从而科学制定发展战略，对企业的市场运营造成不同程度的影响。同时，帮助企业获得更大的经济效益，充分提升企业的竞争实力。

第五章　财务管理与财务管理软件的应用

第一节　互联网下的财务管理模式的构建

一、互联网财务管理模式的构建

（一）互联网环境下财务管理模式的构建手段

随着互联网技术的发展，集团企业可以突破时空限制，进行跨地区、跨行业等的多元化管理，这也为企业的管理效率提升奠定了一定的基础条件。因此，从集团企业自身发展角度来看，企业管理者可以积极对集团自身的资源进行有效整合并科学调配，保障企业获得更现代化的发展与进步。通常情况下，由于受到互联网环境的影响，集团企业的管理模式一般包括以下三大类。

1. 实时集中管理模式

B/S（Browser/Server，浏览器 / 服务器模式）框架模式主要具有以下三个特点：第一，相对而言，维护与升级方式比较简便。第二，成本较低。第三，应用服务器运行负荷相对较重。由于服务器一旦发生损害，将导致严重的后果，因此很多企业都设置有数据库存储服务器，以备不时之需。

通过积极利用 B/S 框架技术，有效进行集中管理模式，可以为企业相关的财务管理人员提供便利，能够及时地将各种重要数据及时传达总部，有助于实现信息共享。另外，数据信息的流转有利于对各个成员单位进行直接化的评估。对于一些产业集团来说，积极将核心资源进行集中分配，有利于对各种现有业务进行实时监控，同时进行集中管理。集团企业可以积极采用这样的模式，更便捷掌握相关信息，并保证相关信息的真实性与准确性。

2. 定期集中管理模式

C/S 结构（Client/Server，客户机 / 服务器结构）。它是软件系统体系结构，用户通过它可以充分利用两端硬件环境的优势，将任务合理分配到 Client 端和 Server

端来实现，降低了系统的通信开销。目前，大多数应用软件系统都是Client/Server形式的两层结构，由于现在的软件应用系统正在向分布式的Web应用发展，Web和Client/Server应用都可以进行同样的业务处理，应用不同的模块共享逻辑组件。因此，内部的和外部的用户都可以访问新的和现有的应用系统，通过现有应用系统中的逻辑可以扩展出新的应用系统。这也就是目前应用系统的发展方向。

通过积极利用C/S或B/S技术搭建相应的管理平台，有助于集团对各个子成员进行良好的管理把控，而各个子成员可以积极利用互联网技术将相关数据进行传达，有助于集团进行集中管理。而从投资型集团视角出发，由于集团与子公司关系相对零散，集团需要积极通过各种财务数据以及报表等对子公司的发展状况进行及时的了解。因此，在实践过程中，可以采用定期集中模式来进行管理。另外，在采用定期账簿集进行管理时，相关的一些信息具有较多的层次。因此，采用该途径可以有效保障这些信息的真实性。在利用数据报表进行企业监管活动时，这样所提供的报表数据其实真实性并不是很高。因此，集团可以积极采用配置报表以及其他软件资源，充分对相关信息质量进行有效保障。

3. 混合集中管理模式

混合集中管理模式是利用接触式图像感应装置（Contact Image Sensor，CIS）或商业信息系统（Business Information System，BIS）技术，企业集团可以积极将一些重要的数据及软件存放于本地，通过利用网络技术对整个集团的财务状况进行综合性的把控。从管理型集团的视角出发，各个子公司的管理模式其实具有一定的差异性。有些子公司善于进行集中管理，而有些子公司善于利用分散管理，因此对于这一类企业，可以积极采用混合集中的模式，对各个子公司进行科学把控，从而有效迎合集团企业的实际管理需求，充分保障相关信息质量的提升。

（二）企业财务管理模式的框架

随着互联网技术以及信息技术的高速发展，企业在进行财务管理工作时，也需要积极地对自身的原有资源进行一定的优化与完善，进而促进集团企业自身价值的提升。

企业在开展财务管理模式时，可以采用以下几种方案：第一，科学进行会计集中核算，并实施相应的方案。通过积极打造监管一体化平台，有效展开相应数据的核算工作。第二，科学实施会计预算，有机建立相对完善的预算管理体系。第三，能够对资金动态实施有效管理，强化相应的资金管控力度。第四，全面展开成本核算方案。依据行业标准展开内部核算工作，并对成本计算有机落实，积极进行相应的惩处工作。第五，科学开展绩效评价，对相应的管理决策进行有效支持。

二、互联网环境的搭建

（一）网络平台的构建

随着信息技术以及网络技术的快速发展，企业可以积极对自身内部网络以及国际网络进行充分的研究，从而对社会各个领域的资源进行有效整合，覆盖人们生活的各个方面。为了能够对企业管理活动提供一定的支持，可以积极利用计算机，科学组建多样化的计算机网络，从而有效构建信息共享平台，促进企业管理目标的实现。另外，在进行网络平台构建时，企业可以积极利用相应的高科技对自身的各项资源进行有效的分析与整合，从而囊括人们生活的方方面面，促进企业现代化发展与进步，有利于人们及时地通过网络平台了解企业的发展状况，对企业的未来发展奠定有效的支持。

（二）数据库平台的建设

企业在进行管理时，可以积极利用数据库来展开相应的管理工作。一般情况下，数据库有两方面的含义，一方面，从狭义角度出发，数据库也就是一些数据或信息的整合，并有序排列。另一方面，从广义角度出发，数据库其实指的是数据库管理系统，能够对其中的一些逻辑组织结构进行有效访问，并对相关数据进行实时管控。

数据库平台不仅可以对相关数据进行有效存储，还可以对一些数据展开处理与管理，并对一些业务进行实时操控。在进行数据平台建设时，也需要充分地对相应的成本实施管理，优化企业的资源，促进企业战略目标的实现。

（三）管理软件平台的开发

基于互联网背景，软件管理平台可以充分发挥出自身的实际效用，积极进行相关理念以及信息的整合，对企业的现代化发展进行一定的支持。而企业管理主体可以利用相关软件及时地对交易信息、物流信息等进行全方位的管控，进而促进财务活动的开展。一般情况下，管理软件主要是为了迎合企业的实际发展需求。从横向角度出发来看，企业在进行管理时，可以积极对各个子系统进行相应的管理，并解决具有某一性质的实际问题。此外，企业的各个子系统也可以有机进行资源整合，充分发挥出内部信息的相互作用，对企业的长期稳定良性发展奠定坚实的技术基础。

（四）技术构架的搭建

互联网环境其实并不是将一些相关要素随意进行整合，而要依据一定的逻辑关系实现集成化管理，从而有效迎合相应的技术需求。随着网络技术的快速发展，国内外技术可以积极将各类服务器进行有效的演变，充分发挥出相关客户 / 服务器系统的主导作用。通常情况下，美国、德国等公司都是通过 B/S 的技术来展开相应的软件开发的。从逻辑视角出发，B/S 技术结构可以囊括客户端、应用服务器、外部服务器、数据服务器这四大维度。依托这样的技术构架，可以发现管理软件其实是为了迎合服务器端而有机生成的，具有相当重要的实践运用意义。通常情况下，用户可以通过浏览器展开相应的程序运用。在此过程中，数据也会被存储。对于一些低成本网络，利用浏览器进行数据传播时，可以突破局域网的限制，向广域网进行发展。对于一些大集团或公司而言，可以有效突破时空界限，积极开展相应的经济业务。在此过程中，可以及时向客户端进行相关数据推送，保障数据共享性的发挥。同时，也能够为相应的数据控制提供一定的支持。而系统自动生成的相关信息可以对相应管理层的决策活动造成一定程度的影响，当然也有利于各个成员及时进行宏观把控，切实促进商务的集中管理。

第二节　互联网环境下财务管理模式的实施

一、互联网环境下会计集中核算与控制的实施计划

新时代背景下，可以积极利用网络技术对企业的财务管理进行有效的完善与优化，进而促进相应制度与内容的完整性，保障财务核算系统的运作效率以及质量。同时，企业在对财务进行集中管控时，为了能够保证信息的真实性与完整性，就需要积极对相关管理者提供具有一定可靠度的信息。通常情况下，会计信息不仅要满足机构的要求，也要发挥出自身的主要职能。既能够对相关经济业务进行科学控制，同时还要促进企业各类经济业务的顺利运行。为了充分实现以上目标与计划，企业应该积极构建相对完整的动态信息会计平台，帮助企业管理者及时对相关的资金信息、物流信息等进行全面把控，从而有效克服会计事后掌控的缺陷，充分在会计业务前端发挥出会计信息的预测作用。

（一）以财务业务一体化为基本思维

基于互联网背景，可以积极地将会计流程与经济业务流程有机结合起来，充分打造财务业务一体化平台。在此过程中，为了保证相关信息的真实性，审核员应该严格进行相关会计信息的准确录入，从而在计算机系统上进行相关数据的输入。然后会计网络平台将会对这些存储数据生成相应的会计凭证。这个时候，财务会计人员应该积极地将这些数据凭证进行妥善保管。基于该平台，可以大大降低相关人力资源的工作强度，促进信息共享性的发挥。每一个能够对该会计网络平台进行操作的人员都可以利用该平台

进行相应的信息查阅与审核，从而有效寻找到科学展开财务管理工作的决策制定，并能够及时预知所存在的一些财务风险等，从而保证自身的主动权，能够正规使用这些会计信息，对自身的各项行为进行有效的约束与规范，从而保障企业各个部门相关人员可以得到具有一致性的会计信息，避免决策失误现象的发生。

（二）财务业务一体化实现的基本原理

新时代背景下，企业可以积极利用发达的互联网技术以及信息技术，充分实现财务一体化这一目标。为了能够得到更精准的数据与信息，可以积极建立具有共享性的动态会计信息平台。通常情况下，这样的动态会计平台包含事件接收器、处理器、实时凭证等。一般情况下，包含以下具体内容：第一，事件接收器。也就是在一个业务开展过程中，能够及时地对信息进行科学处理，明确5W：一是who，何人？二是where，何地？三是why，何原因？四是what，哪些要素资源？五是when，何时？第二，积极进行凭证模板制作。通常情况下，会计凭证模板包含管理会计凭证模板以及财务会计模板这两种新形式。其中，管理会计模板主要是依据企业的实际需求而设立的，内容也紧紧迎合企业的自身发展需求。通常这些信息都存储在电脑中，进行相应的运算与记录。而企业的财务会计模板，主要依据相应的借贷规则以及实际业务科目展开相应的规划与设计。第三，处理器，能够及时地将财务凭证转化为实时凭证。并记录到会计模板中。第四，实时凭证。既包含一些临时会计凭证，也包含一些依据具体会计凭证而生成的实时模板等。一般情况下，具有一定的实时性与强制性特征。

（三）财务集中核算与控制方案的作用

企业在开展财务管理活动时，可以积极采用集中核算的形式，将各种数据有机整合起来，充分提升信息使用率，科学制订相应的集中核算和控制方案，对企业的实际信息管控能力进行有效的培育与提升。在此过程中，可以通过以下两个方面来展开相应的工作环节：第一，科学运用各类管理方式，提升企业的信息运用能力。并科学建立相应的科学评价体系，对会计信息质量进行高效保障。第二，采取集中核算的形式，更高效地运用资金，规避经营风险的出现，同时科学降低管理成本，促进自身管理水平的提升。

二、全面预算的实施计划

企业在开展财务管理工作时，需要充分地对相关的财务数据进行全面的预算管理，从而对投资者以及股东科学制定公司发展蓝图奠定坚实的基础。在进行全面预算管理时，企业或集团也要积极采用现代化的管理理念，及时地对企业运营的各个流程进行全面的管理与监控，从而科学把控企业经营状态。借助于互联网技术等，科学开展相应报表的编制，从而高效保障信息的真实性与科学性。以下是进行全面预算的体系制定以及相关预算活动开展的整体计划。

（一）全面预算体系的含义

企业在开展全面预算管理时，需要充分地对相应的预算管理组织进行有效的建立与制定，从而有效明确企业的实际发展计划与目标，科学部署相关管理活动实施细节与步骤等，然后积极将远大的目标分配给相应部门，鼓励各个部门依据目标，科学开展相应的预算控制工作。在此过程中，也需要积极对相应的工作任务进行基层划分，高效保障预算管理工作的顺利进行，同时促进数据可靠性地提升。

通常情况下，全面预算体系包含以下三种类型：第一，专项起点型。这一类型适用于企业进行项目开发或建筑施工等。企业其实是主要对象，并能够依据相应的时间点进行计划划分。要求各个细分小组能够积极做好自己的本职工作。第二，生产起点型。依据市场的实际需求，科学生产相应的产品。同时，企业也可以依据自身实际生产条件，科学制订生产计划，积极对相关的产品进行一定的周期预算，确保企业可以依据自身经营发展状况，科学选择预算内容与类型，更高效地开展预算计划。第三，销售起点型。企业可以积极对项目的资金、成本、预算、销售等进行综合化的预算规划与设计，明确各项计划的核心出发点是实现最终利润。因此，基于利润水平的提升，科学开展以上计划。

（二）预算编制的含义

企业根据预算体系编制各种表格的行为就是预算编制。企业可以使用自下而上汇总预算、自上而下分解预算两种方式编制报表，具体内容如下。

第一，科学采用自上而下的分解编制方法。也就是说，企业需要制订一个大计划，然后依据各个层级要求，将大计划划分为一系列的小计划。当企业各个单位对计划进行有机调整后，可以鼓励集团上层及时对各个问题进行集中处理，并依序进行计划调整。第二，自下而上的汇总编制方法。企业相关负责人可以积极依据相应的工作计划与安排，科学设置小目标。在此基础上进行汇总，形成更完善的大计划。然后由上层领导进行相应的计划审批，及时修正其中所存在的一些问题，然后完成相应的整合处理工作流程。

（三）预算控制的含义

在进行预算管理时，企业管理者应该积极地将所获得的实际数据与计划数据进行科学化的分析与研究，从而实现对信息的精准把控。在实际操作实践过程中，各个部门在开展具体工作时，往往会受到多种人为要素的影响，必然导致二者之间存在一定的信息差距。但是，企业管理者在展开相应的研究时，发现如果投资了足够的人力物力，那么就能够对相应信息处理进行科学安排，有效完善企业内部的全面预算。如今，我国企业在进行管理时，还没有充分地利用互联网技术对相关动态数据进行及时掌控，以至于会计工作具有明显的实质性。因而企业的实际掌控能力被明显削弱。随着互联网技术的发展，企业可以积极将各类预算数据纳入各种记录体系中，并展开相应的业务活动，积极利用驱动系统对相关数据进行科学记录与更新，同时能够对计划数据与实际数据之间的偏差进行科学化的分析与判断，从而有效掌控预算控制工作。

基于互联网背景，企业在进行控制时，可以通过以下两方面展开控制行为活动，一是依据层次划分进行控制。通常情况下分为两种，第一种是分散控制。也就是对各个子系统都进行全方位的掌控。同时也要依据相应内容，积极添加相应的预算功能。假如各个子系统出现一定问题时，就会发出自动报警，并传送给相应的负责人。第二种是总额控制。通过计算机对众多项目进行科学掌控。只要在整体的预算内，系统可以继续进行，一旦发现某一环节出现问题，那么该系统都将停止运行。总额控制是依据控制方式展开层次划分。包括刚性控制，也就是说，一旦超过相应指标，计算机立刻停止事件的操作，避免事件进行。另一种是弹性控制方式。相关负责人同意系统在一定的偏差范围内，那么该项目还能够继续运行下去。

（四）预算分析的含义

随着网络技术以及信息技术的快速发展，企业可以科学采用计算机进行相应的数据分析活动，从而有效提升预算分析的效率和质量。一般情况下，可以通过以下三个方面来展开预算分析：第一，明确预算分析的方式，不仅包含数字，还可以是图形、图表等。第二，在展开预算分析时，上级单位能够随时对企业运营状况进行及时的调查与研究，同时了解下层人员的事业执行情况，然后展开相应的数据分析。第三，能够将预算计划与企业的实际发生额进行科学化的分析与探究，从而能够在多个角度展开数据分析。

三、资金动态管理的实施计划

新时代背景下，企业为了获得进一步的发展与进步，就应该积极拥有足够的资金，充分保障企业的进步。一般情况下，假如一个企业拥有科学合理的资金结构，那么有利于该企业的长期良性稳定发展。因此，为了能够正确地管理和运用资金，企业也需要充分提升自己的资金利用意识，能够更高效地展开资金的投放，避免一些经济风险，同时也对资金的运转周期进行一定程度的缩短，相对提升资金的利用率，切实促进企业的现代化发展与进步。通过积极鼓励企业进行资金动态管理，可以帮助企业更科学地制订一系列的资金动态管理计划，有助于紧紧地迎合时代的发展需求，有效促进企业的长期稳定良性发展。

（一）资金管理应用模式

随着时代的发展与进步，企业在进行资金管理时有多种应用模式，比如可以积极采用财务公司或内部银行等进行资金管理。由于每个企业都具有不同的发展特征，因此，在展开资金管理时，企业需要对自身的体制环境进行积极的了解与认知，然后从自身的实际情况出发，积极探寻更合适的资金运用方式，从而更好地促进企业的现代化发展与进步。在具体的资金管理实践过程中，企业也需要积极以合适的方式引进资金，从而促进企业自身系统的完善与优化。另外，对于企业的现代化发展而言，科学进行经营管理可以有效促进企业竞争实力的提升。一般情况下，在进行资金管理时，企业可以采用以下三种模式（结算中心、财务公司、内部银行）分别进行资金管理，充分提升企业竞争实力，促进企业的长期稳定良性发展。

1. 结算中心应用模式

结算中心是专门处理集团内部各部门成员或子公司往来结算与现金收支集团内部运行的机构。结算中心是一个单独而高效的组织，其工作的业务是独立的。结算中心对现金的控制，具有以下六个特点：第一，集团分部和子公司成立本公司的财务部门，总部有现金经营权和现金决策权，并可以开设一个二级账号进行独立的财务核算。第二，集团总部对各分部及子公司实行现金的统一结算，以缩减管理的分散引起的现金沉淀增加，缩减成本，增大现金周转率。第三，实行收支分化。结算中心根据各个分公司的发展情况，分析分公司的营业状况和收支情况，制定出每个公司的最高现金备用额度。如果分公司的现金流动金额超过了规定的数值，就需要将超出的部分转入结算中心所设立的单独账户，而如果每天的支出超过规定的最高金额，则需要获得结算中心的批准。第四，结算中心对企业各分部与子公司的申请通常有两种管理模式：一种是逐项审批。各项申请款额获得许可前都要获得授权人的批准或对申请款额的时间、数额、去向记录在案；另一种是如果分公司的业务超过了负责人的规定，就需要得到总公司的批准。而子公司的具体权限有一定时间内现金支用的数额、每次现金支用的数额、超出现金支用的数额三种权限。第五，根据企业集团规定的相关现金管理条例，结算中心对各分部与子公司的现金收支状况进行监督。第六，公司分部及子公司对外借款问题统一由结算中心办理，子公司本身没有此权力。

2. 财务公司应用模式

在我国，财务公司通常是公司或集团发展到一定程度后，经由中国人民银行批准，以公司或集团子公司身份成立的独立机构。从本质上讲它是非银行类的金融机构，其业务经营范围是属于金融行业的，所以需要对财务进行管理，其经营范围包括抵押收款、联合贷款、投资和财务咨询等业务。财务公司对现金的控制具有四个特点：第一，财务公司承担起为集团筹募资金的作用，从而为分公司提供充足的资金。财务公司需要对各分部投资项目的资金运行状况起到监督职责；第二，财务公司类似于银行，在行使银行部分职能的同时，也可执行非金融机构的业务；第三，财务公司在法律上有很强的独立性，与其他企业之间形成了价值规律下的市场竞争关系；第四，财务公司的职能主要体现在集团对各分部与子公司现金运营上的监控。现今集团总部通过将市场化的企业和各种金融机构融合在内，对资金进行充分的管理和规划，促进资源的高效利用，使得集团与分公司都能够享有对本公司现金运营与使用的自主决策权，然而这种独立性不是绝对的，虽然集团的最高决策机构并不直接干预各分部与子公司的财务，却会在保持各分部独立的经济利益基础上通过财务公司对其现金的使用与取得进行约束。

3. 内部银行应用模式

内部银行就是集团在企业内部的经营管理机制中引入银行的管理模式和相关业务从而成立的专为集团企业内部服务的资金管理机构。企业机构集团人员需要对资金进行充分的利用和结算。内部银行从本质上讲，就是将集团总部模拟为银行，与集团各分部和子公司形成一种借贷管理关系，在集团内部的资金管理中形成了类似于银企的发展和经营形式。内部银行又可继续分为货币发行中心和核算中心等职责部门，对资金的管理有以下三个特征：第一，内部银行通过统一开设账号来实行集团总部与各分部间的现金收付和结算，子公司不直接对外进行。第二，集团各分部与子公司在内部银行中开设有本公司的存、贷款账户。存款与贷款相互独立进行分开管理。集团各子公司与内部银行之间是在有偿存贷款前提下的存贷关系。第三，集团各分部与子公司享有在财务管理上的自主权、决策权和资金运营权，并可以按照用途自主安排使用内部银行的贷款。

综上所述，随着社会主义市场经济的全面深化发展，许多国内大型企业集团逐步将内部银行结算中心职能合并，成立企业的财务结算资金制度，对所有的账务往来和信息进行处理，从而计划、筹集和调控集团内部的资金，引导企业财务结算中心更好地处理和使用信息，实现对市场政府政策的宏观把握与有效调节落到实处，此外还可以有效加强资金的周转，提高资金使用效率，防止资金流失，挖掘资金使用潜力。因而，集团成立财务结算中心的决策，有利于在互联网飞速发展的今天，建立集团资金动态管理模式，体现其具有内部银行和结算中心的双重功能。通常来讲，集团中的每位成员是否设立了专门的账户，都需要将账户信息报备给财务结算中心，保证资金的有效管理和使用。

（二）资金动态管理应用流程的设计

企业对资金动态的管理，可以采用以下两种方式：第一，对内结算流程。在运营和操作的过程中，集团的财务中心负责结算其中的内容，然后以此为基础确定自身的收款单，并且在网络中核销应收和应付账单。分公司在此使用的是自己独立的分账号。分公司的各项资金支出都需要经过报备和审批。分公司的收款单据可以通过内部结算网络形成。集团的财务结算中心计算各个分公司的资金余额和发生额信息；第二，对外结算流程。当企业出现应收账款之后，企业按照规定的程序支付资金，形成应收应付单，然后将票据通过网络传递给集团财务结算中心，该中心与企业相关利益方进行结算，形成相应的结算单。企业在外部设立专门的账号，分公司设立自身的分账号，集团在确定各项支出之后，向分账户汇入一定的资金，各个部门使用资金的情况也必须要报备给总公司，每天都将超出保管限额的资金上交给集团。

（三）资金动态管理平台的构建

企业应当建立一个完善的资金动态管理平台，在平台中，财务人员进行财务预算，通过该系统管理资金，记录应收账款和应付账款信息，对资金进行合理高效的管理。同时，集团建立的财务管理中心需要与其他的分公司实现信息的共享的目标，增强信息的使用价值。分公司设立相应的系统之后，就需要对各个模块进行管理和控制，进而分析与核对企业的应收账款信息，如果企业内部的应收账款超过客户的信用额度，系统就会向管理人员发布信息，帮助信息管理者对这些资金进行管理，业务部门就可以因此减少或者停止对这个顾客办理业务，这样做在降低企业风险的同时，可以保证资金的有效性。如果公司发生相关业务之后，系统就会对比分析相关数据，根据模板做好会计凭证。资金动态管理平台可以对应收账款开展智能催收，实现对系统的智能管控，帮助企业减少坏账。分公司在发生应付业务之后，要使用应付模块对相应资金进行管控，限制资金的流出量，实时得出单据核销处理、现金折扣处理方案，同时给出应付款的分析结果，保证资金核算符合预期，做好资金使用和预算工作。除此之外，企业还能够实现对资金的合理管控和预测，从而有效地监督与控制好企业的资金使用状况。可使用资金来预测某段时间的资金缺口和盈余，使用对资金的占用成本开始进行考核和计算，同时使用相应的筹资和投资管理。这样便可以总结出多角度的、多层次的资金控制与分析。

四、全面成本管理实施计划

成本管理是企业通过一整套的预先推测、制定策略、设立计划、有效组织、核实结算、分析控制工作来降低成本开支的费用等一系列科学管理行为的总称。管理软件可以帮助企业进行成本管理，依据成本管理的管理对象与核算范围的差异，又可进一步细分为项目成本管理和制造成本管理。项目成本是将企业内部各价值环节产生的成本费用根据管理对象分类的不同进行分析结算；

制造成本的应用范围主要是制造产业的产品生产成本。企业实施全面成本管理主要应该从以下两个方面进行。

（一）控制制造成本

企业的制造成本进行核算的范围有限，仅仅包括与产品生产有关的相关环节，核算的对象即企业产出的产品，包括各类制成品以及半成品。企业通常会成立一整套成熟且具有较强操作力的成本管理体制以提升企业效益、减少投入成本。例如，企业应该落实企业内部结算价格的市场化，分化并核实目标成本具体到各车间和工作中心、建立明确的奖惩制度、规定标准消耗上限额并严格核算消耗成本与标准成本之间的差距。

从企业成本的核算组织模式上来说，不同企业在通过各自工厂（此处工厂特指隶属于集团的生产制造部门或单位，享有独立核算的权力，又称为分厂、事业部等）中生产出的产品并不相同，所以集团选取的成本核算组织模式也会存在较大差异。当各工厂间的成本核算相对而言较为独立时，即各个工厂生产的产品之间没有生产工序上的前后衔接领用关系，便不必对集团的成本进行核算。而此模式下的企业集团存在以下两种主流模式：一种是各工厂所生产的产品不同而行业的性质大致相同，如一家生产电视，一家生产空调；抑或是工厂间在行业性质上就存在根本差异，如一家是衣饰加工，一家是汽车零件加工，一家是化学试剂的加工等多样模式；另一种是隶属于集团的各工厂间生产的产品在功能上有着生产工序上的前后衔接领用关系。例如，核电产业，在核燃料生产、核电核心设备制造、核反应堆的制造、核电站的建设之间就是产品在生产工序上的前后衔接与领用关系。各工厂从其他工厂进入的产品因独立核算要把结算价各自作为成本记录，然而要计算出整个集团最终的真实成本，还要将最终产品中的企业内部利润除去。

（二）控制项目成本

对于制造产业来讲，制造成本只是计算了生产过程中产生的相关成本，然而从整个企业的经营角度考虑，每个运作环节都会投入一定成本。企业的每个环节在获得收益的同时，也会产生一定的成本，这就需要对各个环节做出具体的投入产出分析，而在工作中成本对象即收入成本利润核查的对象类型有很多种。财务管理系统的成本核算如若失去信息技术的支持就是模棱两可的、事后的。在互联网大环境下，只有结合信息技术手段，实行财务集中管理模式，进行对集团或项目的费用预算，才可以对集团和项目的成本实行实时且有效的管理，才能满足管理的需要。

五、绩效评价与决策支持实施计划

（一）绩效评价模型的发展与作用

从综合财务评价指标体系学者亚历山大・沃尔（Alexander Wall）建立以后，外国财务管理学者就把关于如何评价公司业务效绩的问题作为自己的重要课题进行研究。自此，许多优秀的绩效评价理论例如平衡计分卡，EVA 等内容先后被提出。关于如何评价公司绩效的问题随着财务管理的深入探讨而渐渐被大众认知，企业集团把争取最大价值作为自己的努力方向，且其经营活动在本质上就是努力去创造价值。在这个过程中，集团企业创造的价值关乎股东、领导者的利益，因此，广受关注。就此而言，财务管理者应主动深入认识研究优秀的绩效评价方法，积极帮助企业领导者研究和生成能够满足该企业绩效评价需要的方案，实现在集中管理模式的帮助下得到评价信息，以得到最终的评价，此外，企业还可以通过颁布有力的奖励机制来激励员工为企业创造价值。

（二）决策支持模型的发展与作用

21 世纪，随着网络支持下的财务集中管理模式的日益成熟，企业的财务工作重点放在了财务的控制及核算、会计决策上。现今市场竞争愈演愈烈，大多企业的管理层开始倾向于实现业务经理和财务经理共同追求的管理目标。现如今，财务管理者要把各种决策模型与信息技术进行有机结合，在管理会计平台和信息化财务会计同步进行的同时，依照具体情况下的策略需要和经济环境的变化来建立决策模型，企业相关决策者就能够随时随地掌握自身需要的信息，从而为企业的经营和发展给予指导意见。

（三）绩效评价与决策支持具体实施方法

公司的生存和发展都离不开本公司创造的价值，如何实现本公司价值的最大化是领导者必须考虑的问题。企业的领导者在具体过程中要切实拿出一套能够适用于评价和判断公司的经营绩效、经营风险、经济状况、盈利能力以及经营成果的优秀方法来提高企业的经营管理水平，以对出资人阐明他们的经营管理结果。

企业有效妥善的决策方案主要包括：评价指标体系、数据挖掘工具等内容，这些内容可以帮助企业获得更加全面的内外部信息，企业的外部信息主要包括合作伙伴的信息和竞争对手的信息、互联网信息等内容。而内部信息主要是企业发展历史资料和数据等。这些信息都能够储存在评价系统汇总，帮助企业经营和管理者找到问题的所在之处，让管理者制定出科学的战略经营决策。

综上所述，企业需要注意，这五个计划之间是有着密切的联系，也是同时存在于计算系统中的，所以公司应当根据自身的发展需要，有选择性地开展相应的工作，从而更好地完善资金的管理和应用系统。

第三节　财务管理软件的应用

我国会计电算化工作起步较晚，从 20 世纪 70 年代末才开始，从无到有，从缓慢发展到迅速普及，已经取得了长足的进步和提高，从最初的核算型财务软件发展到如今的管理型财务软件。21 世纪是以信息技术为主导的信息时代，企业必须以计算机为主要手段，再辅之以财务软件，只有这样才能极大地提高工作效率和工作质量。

一、会计电算化相关理论

会计电算化是以电子计算机为主的当代电子技术和信息技术应用到会计实务中的简称，是以电子计算机替代人工记账、算账、报账以及对会计信息进行分析和利用的过程，它的出现是会计技术手段上的一次“革命”。会计电算化提高了会计的工作效率与工作质量，促进了会计工作的规范化，为整个管理的信息化和现代化奠定了基础。

（一）会计电算化的特征

我国会计电算化经过多年的发展，软件技术较为成熟，应用范围也相当广泛，可以说有会计工作的地方基本上都有会计电算化。会计电算化主要是运用计算机进行数据处理，其特征如下：第一，以计算机为辅助计算工具，数据处理代码化，速度快，精度高。企业采用对系统原始数据编码的方式，以缩短数据项的长度，减少数据占用的存储空间，从而提高了会计数据处理的速度和精度。第二，数据处理人机结合，系统内部控制程序化，复杂化。虽然以计算机为辅助计算工具，但其整个信息处理过程仍表现为计算机与人工的结合。计算机对数据（信息）的处理是通过程序来进行的，系统内部控制方式均要求程序化。第三，数据处理自动化，账务处理一体化。会计电算化根据编译好的代码程序，可生成所需财务数据，自动进行记账、登账、报表生成等程序化操作。第四，信息处理规范化，会计存储磁性化。会计电算化以会计制度为基础，各类信息处理规范，生成磁盘数据，便于交换与保存。

（二）会计电算化对传统会计工作的作用

会计人员通过使用会计电算化，从繁重的手工作业中解放出来。会计电算化成为会计工作的主要工具，同时由于计算机和财务软件的使用，它对传统会计工作产生了深远的影响。

会计电算化对传统会计工作的作用，具体体现在以下五个方面：第一，会计信息载体由单一媒体向“多媒体”方向发展。传统的会计模式提供信息主要是依靠凭证、账簿和报表，且多以数字和规范的会计科目反映，形式单调。多媒体计算机技术在会计领域的应用改变了这一模式，可以把文字、声音、图形和声像的处理、传递和显示融为一体，使会计对经济活动的反映形式多样化，有助于反映经济活动的质量。第二，会计服务对象由对外反映企业财务状况转向对内加强经营管理。传统会计侧重于业务记录并编制财务报表，向企业外界提供会计信息服务。实施电算化除了向外界提供服务外，还将利用计算机速度快、容量大等特点，向企业经营管理者提供有价值的预测、决策、控制和考核信息资料。第三，会计核算时空由直线平面式向立体式转化。传统会计核算只局限于当前企业（空间）和对过去（时间）事项的反映。实施电算化后，通过对软件的高级应用，可以将会计信息系统与其他管理信息系统进行对接，实现部分会计信息资料的共享。第四，会计信息由定期报告向适时报告方向发展。传统会计基本上采用定期报告（如月报、季报等），而且会计信息处理的程序烦琐，计算工作量大，容易出错。实施电算化后，会计信息从输入到输出报告均为自动高速完成，能够为各类信息使用者提供最新、最快的信息，便于管理者审时度势，及时调整经营决策；第五，会计报表模式由传统的通用式向多样化发展。传统会计只能提供格式统一的，比较单调的财务报表，不能满足不同报表使用者对信息需求的差别。实施电算化后，企业可通过格式和取数定义，可提供适合于不同种类信息使用者需求的报表，还可对信息进行分析和加工，提供图文并茂的直观的信息。

（三）“会计信息孤岛”的问题

会计电算化是建立在计算机对会计业务的数据处理上，但并未真正实现会计信息系统的创新和革命性的变化，距离现代企业管理对它的要求还有很大的差距。造成这种情况和局面的主要原因是会计电算化是一个会计信息孤岛。

会计信息孤岛是指会计信息系统依据会计科目体系，对企业生产经营活动的数据进行分类采集、汇总、加工、储存和报告的会计信息不能满足使用者决策需求的状态。它主要表现在对外报告的决策有用性不够及财务信息与非财务信息的分离；对内企业业务活动的业务流、资金流、信息流相分离及财务会计信息与管理会计信息的分离。由于会计信息孤岛的客观存在，导致会计电算化系统存在以下一些缺陷：会计电算化系统独立于企业组织其他管理信息系统之外，它重复存储了企业组织各个业务部门管理信息系统已经存储了的数据，容易引发企业组织中数据的不一致，同时也提高了信息管理的成本。受上述缺陷影响，会计电算化系统只采集和存储了那些符合会计确认条件的交易和事项，自然输出的信息也只能是财务信息，而不包括非财务信息，因而系统所能输出的信息内容十分有限。会计业务的滞后性，即输入会计系统的数据无法直接从企业组织其他各个业务部门和管理部门的信息系统中提取，实现数据的实时采集，自然也就不能进行数据的实时处理和会计信息的实时支持。

二、会计信息化的内涵

会计信息化就是利用现代信息技术（计算机、网络和通信等）对传统会计模式进行重构，并在重构的会计模式上通过深化开发和广泛利用会计信息资源，建立技术与会计高度融合的、开放的现代会计信息系统，以提高会计信息在优化资源配置中的有用性。会计信息化应该体现信息环境下会计变革的要求，反映会计与技术的结合及其相互影响。会计信息化的含义应该是结合现代信息技术对传统会计进行重整，并据以建立开放的会计信息系统。这种系统将全面运用现代信息技术，使业务处理高度自动化，信息高度共享，能够主动和实时报告会计信息。

（一）会计信息化系统的基本特征

会计信息化系统的基本特征，具体包括以下几点。第一，普遍性。会计的所有领域（包括会计理论、会计工作、会计管理、会计教育等）要全面运用现代信息技术。目前，在上述领域中，后三个方面有不同程度的运用，而且可以说是起步晚、发展快、成效大，只是还不能真正达到会计信息化的水平。而在会计理论方面却相对滞后。准确地讲，现阶段会计信息化赖以存在的还是传统的会计理论，既没有修正传统的会计理论体系，更没有构建起适应现代信息技术发展的完善的会计理论体系。第二，集成性。会计信息化将对传统会计组织和业务处理流程进行重整，以支持“虚拟企业”“数据银行”等新的组织形式和管理模式。这一过程的出发点和终结点就是实现信息的集成化。信息集成包括三个层面：一是在会计领域实现信息集成，即实现财务会计和管理会计之间的信息集成，协调和解决会计信息真实性和相关性的矛盾；二是在企业组织内部实现财务和业务的一体化，即集成财务信息和业务信息，在两者之间实现无缝链接，使财务信息和业务信息能够做到你中有我，我中有你；三是建立企业组织与外部利害关系人（客户、供应商、银行、税务、财政、审计等）的信息网络，实现企业组织内外信息系统的集成。第三，动态性。动态性，又名实时性或同步性。会计信息化在时间上的动态性表现为以下几点：一是会计数据的采集是动态的。无论是企业组织外部的数据（发票、订单），还是企业组织内部的数据（入库单、产量记录），也无论是局域数据，还是广域数据，一旦发生，都将存入相应的服务器，并及时送到会计信息系统中等待处理。二是会计数据的处理是实时的。在会计信息系统中，会计数据一经输入系统，就会立即触发相应的处理模块，对数据进行分类、计算、汇总、更新、分析等一系列操作，以保证信息动态地反映企业组织的财务状况和经营成果。三是会计数据采集和处理的实时化、动态化，使得会计信息的发布、传输和利用能够实时化、动态化，会计信息的使用者也就能够及时地做出管理决策。

（二）会计信息化与会计电算化的区别

传统的会计电算化系统，虽然从记账、算账到报账的全过程都由计算机来完成，但实质上并没有突破手工会计核算的思想框架，几乎可以仿真出手工会计系统的所有方面。而与企业信息化环境下的会计信息化系统与会计电算化系统相比，无论在技术上还是内容上都是一次质的飞跃，其主要区别如下：第一，目标不同。会计电算化系统是基于手工会计发展而来，两者业务流程基本一致，主要是为了减轻工作量、提高工作效率；而会计信息化系统是从管理者的角度进行设计的，能实现会计业务的信息化管理，充分发挥会计工作在企业管理和决策中的核心作用。第二，技术手段不同。会计电算化系统主要针对单功能或内部局域网的计算机而设立的；而会计信息化系统是在网络环境下进行设计的，其实现的主要手段是计算机网络及现代通信等新的信息技术。第三，信息输入、输出的对象不同。会计电算化系统主要是为财务部门设立的，由财务部门输入会计信息，对其他部门或机构输出信息也只能由财务部门进行；而会计信息化系统是企业业务处理及管理信息系统的组成部分，其大量数据可以从企业内外其他系统直接获取，根据授权，其他部门或机构也可以依靠网络，直接从系统获取数据。第四，功能范围和会计程序不同。会计电算化是模仿手工会计程序而进行的，以记账凭证开始，到最终提供财务报表结束。而会计信息化根据现代信息的及时性、准确性和实时性的特点产生的，是从管理角度进行，具有会计核算、账簿查询、决策分析等功能，其会计程序是根据会计目标，按照信息管理原理和信息技术重整会计流程。

（三）会计信息化是会计工作发展的必然选择

会计信息化是会计工作发展的必然选择，一方面，会计信息化可加强企业财务管理功能，引导财务职能的转变。在财务职能转变的过程中，由于网络化进程的发展和融合，以往耗费时间的交易记录将大为减少，作为这一转变过程的结果，财务资源会被重新配置，成本也会降低；另一方面，如果中小企业无视现有的发展需求，那么企业的会计系统就只能停留在原有的水平，最终导致企业无法进一步发展，而被市场淘汰。

随着经济和技术的发展，现代企业组织所处的内外部经济环境也处在复杂多变之中，企业组织的经营管理活动要想适应这种环境，更好地生存下去，就必须既要了解自身的经营活动，又能对外部环境审时度势，才能做到知己知彼，百战不殆。企业组织通过组建管理信息系统，广泛收集信息，不断地从自身和外界获得新的信息，及时调整自己的生产经营，并与不断变化的环境相适应，如果企业管理达到了这种境界，那么在一定程度上就可以说企业组织已经实现了管理信息化。任何企业组织的经营管理活动都需要信息系统，并且需要这个系统提供的信息种类多、数量大，因而需要有多个不同的信息系统，以适应有效管理的需要，会计信息系统就是其中的一部分。如果会计信息系统能够集会计核算、会计管理与会计决策支持于一体，并与管理信息系统中的其他子系统和企业组织外部的相关经济信息系统实现无缝链接，达到物流、资金流、信息流和业务流的融合，那么应该说企业组织已经实现了会计信息化。

第六章　企业财务智能化转型

第一节　企业财务转型的起点——财务共享服务

财务转型势在必行。财务转型的核心思路是将企业中最能创造价值的管理活动从原有的财务部门分离出来，放到业务层面与企业层面，在降低成本、增强管控能力的同时，明确财务在企业价值链管理中的定位，努力为创造企业价值服务。当然，转型不是为了摆脱会计核算，而是在夯实会计核算基础的同时，将重心转移到管理决策支持、预算预测、税务筹划、财务分析等更能创造价值的活动中来，最终支持企业整体的发展战略。

财务共享服务中心的建立对于大型企业来说，是一个难得的发展机遇，它有利于财务人员转型，甚至可以说财务转型始于共享服务。财务共享服务中心基于流程再造、信息系统整合，将会计基础核算等低附加值、标准化的工作集中起来，提高效率、降低成本，把财务人员从繁杂的核算中解脱出来，集中精力从事业务财务和战略财务，推进财务、业务、战略一体化的转型之路。

一、新经济下财务共享服务框架详解及智能增强

财务共享服务模式在中国是2005年前后兴起的，尽管这个时候西方国家对财务共享服务的应用已经日趋成熟，但作为后来者，我国的财务共享服务发展呈现逐渐加速的趋势，在最近五年中，财务共享服务的热度飞速上升，已然成为国内大中型企业财务组织的标配。

在这个过程中，财务共享服务中心从设立到运营全过程的管理水平都在快速提升，到今天，已经形成了相对完善的财务共享服务管理框架，并在政府、企业、高校和各类协会组织的共同推动下，逐渐成为国内财务共享服务中心特有的管理模式。

（一）财务共享服务中心设立管理

1. 框架详解

财务共享服务中心设立管理框架详解，如表6-1所示。

表 6-1　财务共享服务中心设立管理框架详解

项目	说明
财务共享服务中心立项	能够站在企业立场，充分评估财务共享服务中心设立对企业经营发展带来的利弊影响，客观评价财务共享服务中心的投入产出情况、匹配和适应情况、变革管理的难点及应对措施。能够在判断财务共享服务中心建设对企业有利后，积极推动管理层和各相关方的认可，并获取充足的资源，支持后续的中心设立
财务共享服务中心战略规划	能够站在战略高度对财务共享服务中心展开规划，如总体模式的选择，包括定位、角色、布局、路径、变革管理、组织、流程、服务标准、系统及运营平台、实施等规划内容
财务共享服务中心建设方案设计	能够在财务共享服务中心建设启动前进行充分的建设方案设计，包括组织、人员、系统、流程、运营、制度等方面。方案应能够涵盖框架和详细设计，并在最终落地方面做好充分的工具设计准备
财务共享服务中心实施	能够有效地组织项目展开对财务共享服务中心的实施，制订合理的实施计划，有序推进组织架构和岗位设立、人员招聘及培训、系统搭建及上线、流程设立及运营等各方面工作，实现财务共享服务中心从试点到全面推广的实施落地
财务共享服务中心业务移管	能够在财务共享服务中心设立后，有效地推动业务从分散组织向财务共享服务中心的转移，通过推动签订服务水平协议、业务分析、流程标准化及操作手册编写、业务转移培训、业务中试和最终正式切换，实现移管目标

2. 智能增强

在通常情况下，管理层都会要求财务共享服务中心的设立具有一定的前瞻性和领先性。自十几年前开始，财务共享服务中心的建立本身就具有强烈的创新特征，我们需要向管理层阐明所采用的技术手段能够达到当前的市场水平或竞争对手水平，并能够对企业自身的管理带来提升。很多企业在这个过程中也同步进行了与支持财务共享服务相关的信息系统建设，但总体来说，并没有超出当前互联网时代的技术水平。

而今天，在展开财务共享服务中心建设的过程中，无论是进行立项还是规划都必须考虑到即将到来的智能革命对财务共享服务的影响。

可以预见，基于信息系统的高度集成，数据信息能够自由获取，规则的自动化作业辅以人工智能作业的新的共享服务模式正在到来，也会在不久的将来逐步取代当前基于大规模人工作业的共享服务模式。实际上，这一进程一直在进行，只不过受限于技术手段和数据质量，我们所能感受到的仅仅是优化性的进步，如一些跨国外包公司热衷于机器流程自动化（RPA），就是在积极进行自动化替代人力的尝试。

因此，今天我们在建立财务共享服务中心的规划过程中，必须充分考虑到未来智能化技术对财务共享服务中心的影响，为当前财务共享服务中心的建设留下向智能化进行转型和拓展的接口。同时，我们必须认识到智能化很可能在最近的数年中出现爆发式的技术发展，财务共享服务中心必须有充分的认知准备，紧随技术进步，及时调整自身的运营策略，切换至智能化运营平台，以维持当前建立财务中心共享服务所带来的竞争优势。

（二）财务共享服务中心组织与人员管理

1. 框架详解

财务共享服务中心组织与人员管理框架详解，如表 6-2 所示。

表 6-2 财务共享服务中心组织与人员管理框架详解

项目	说明
财务共享服务中心组织职责管理	能够基于业务流程清晰地梳理各环节所涉及的工作职责，并针对这些工作职责设置相匹配的岗位。在此基础上，通过提取汇总分散于业务流程中的岗位工作职责，形成财务共享服务中心的核心岗位职责
财务共享服务中心岗位及架构	能够清晰地定义财务共享服务中心在整个财务组织中的定位，明确其与现有财务部门之间的定位关系及职责边界。能够清晰地设计财务共享服务中心的管控关系，并基于岗位职责和管控关系搭建财务共享服务中心的组织架构及各架构层级的岗位设置。岗位设置应当能够做到不重不漏

续表

项目	说明
财务共享服务中心人员招聘	能够对财务共享服务中心的人员编制做到及时的跟踪预测，在人力产生潜在空缺可能时，能够及时展开人员招聘活动，通过合理的招聘周期规划，在人员缺口出现时及时进行人力补充。能够积极地拓展多种招聘渠道，建立与高校的紧密联系。能够建立面向同城其他财务共享服务中心的招聘渠道，必要时设置专业化的招聘岗位，或者获得HR招聘团队的有效支持
财务共享服务中心人员培训及发展	能够建立完善的人员发展体系，针对财务共享服务中心的人员特性设置与传统财务差异化的职业发展通道，实现在相对较短职业周期中的快速发展和及时激励。能够针对财务共享服务中心的人员特点设置有针对性的人员培训体系，高效提升运营人员的产能，并积极拓展员工的综合能力，以提高其主观能动性
财务共享服务中心人员考核	能够设立针对财务共享服务中心不同层级、类型的人员绩效考核体系。能够基于绩效考核体系推动财务共享服务中心运营效率的提升、成本的降低、质量和服务水平的提升。同时，也能够维持并激发各级人员的创新能力
财务共享服务中心人员保留	能够积极主动地针对财务共享服务中心的员工进行工作状态评估，对有潜在离职风险的员工进行及时主动的沟通，通过主动的沟通实现人员的保留。同时，能够长期将财务共享服务中心的人员流失率控制在合理水平

2. 智能增强

智能时代的到来，对当今财务共享服务中心的组织与人员管理提出了不一样的要求。

从组织职责及架构设置来看，今天的财务共享服务中心在传统职能的基础上，必须考虑一些用于自我变革的职能。实际上，有不少财务共享服务中心还在纠结是否要用自动化来替代人工，并顾虑因此对现有团队的利益影响。本书认为，与趋势逆行是不可取的，我们应当在当今的组织中一方面继续针对传统的集中化人工作业模式展开运营的提升；另一方面应当设立创新科技组织，积极主动地展开自我颠覆。通过应用新技术，主动降低对人力的依赖，从而在这场变革中掌握主动。

对于这一变革时期的人员管理，要充分做好面对自动化带来人力释放影响的准备工作。将分散的人员集中起来是一场变革，在这个过程中，我们已经经历了一次减员的挑战。而今天，把集中在财务共享服务中心的人力再消化掉是另一场变革。这一次，我们应当在人员的职业发展上有针对性地考虑未来智能化的影响，提前做好人员的非共享技能培养，以帮助部分人员在智能化过程中逐渐分流至其他岗位，而减少刚性人员裁减带来的剧痛。

在人员的考核上，应当更多地关注对于人员创新能力的提升，传统的财务共享服务中心模式过于强调效率，这使得财务共享服务中心的员工并不热衷于使用新技术来改造现有的工作模式，而更倾向于一个稳定的工作环境。这对财务共享服务中心适应智能时代的发展变革要求是不利的，多一些主动的求变精神是智能时代财务共享服务中心的必由之路。

（三）财务共享服务中心流程管理

1. 框架详解

财务共享服务中心流程管理框架详解，如表 6-3 所示。

表 6-3　财务共享服务中心流程管理框架详解

项目	说明
财务共享服务中心流程体系定义	能够基于企业所处的行业特征，识别自身的全面的会计运营相关业务流程，并搭建业务流程体系，对业务流程进行清晰的分类，定义流程子集。能够完整地识别、定义业务流程场景，并建立流程场景与流程的映射关系
财务共享服务中心标准化流程设计	能够基于业务流程体系展开财务共享服务中心的业务流程设计，标准化的业务流程体系应当能够清晰地定义流程的输入、输出、执行标准、质量标准、匹配的流程场景等关键信息。能够通过流程图、流程描述等方式进行流程展示

续表

项目	说明
财务共享服务中心标准化流程维护和执行监控	能够建立财务共享服务中心业务流程体系的维护和执行监控制度体系，由相应人员关注流程的日常维护，并定期针对业务流程的执行情况进行评估检查。能够针对流程中的执行问题采取及时的行动，对流程进行修正
财务共享服务中心流程持续改进	能够建立起业务流程优化和持续改进的机制，营造有效的流程优化氛围，鼓励各级员工提出优化建议，并能够建立起建议的评价和采纳机制。对于所采纳的优化建议，能够设立项目团队进行积极推进。此外，不定期地开展流程优化检视活动，主动发现优化机会也是十分重要的

2. 智能增强

业务流程优化是财务共享服务中心管理中极其重要的主题。在传统的流程优化过程中，我们试图通过对流程环节的挑战、运营方式的转变来找到优化机会。当然，财务信息化在这一过程中也发挥了重要作用，高度的业务系统和财务系统的对接，以及专业化的财务共享服务运营平台的建立，也大大提升了财务共享服务中心的流程效率。

而智能时代的到来，也让我们对流程优化有了更多的机会，如机器流程自动化技术成为人们关注的热点，它通过在全流程过程中寻找流程断点和人工作业的替代机会，在很多企业业务流程优化陷入瓶颈后，再次提升了流程自动化程度。

更值得期待的是，财务共享服务业务流程将伴随着基于规则的初级人工智能的应用，以及基于机器学习的人工智能的到来而获得更多的改进机会。在新技术的影响下，现有财务共享服务中心的流程会先从多人工模式转向“人智结合”模式，并最终迈向智能化模式。在这个过程中，业务流程的优化和改变并不是一蹴而就的，如会伴随着技术一步一步地改进，并最终实现从量变到质变的转换。

同时需要注意的是，智能化对财务共享服务业务流程的影响是端到端的。也就是说，财务共享服务运营的输入流程也在变化中，而前端的流程智能化进程也会对财务共享服务后端的运营模式产生重大影响，很多时候，财务共享服务中心从人工向自动化、智能化的转变根本上就是前端流程直接带来的。

（四）财务共享服务中心运营管理

1.框架详解

财务共享服务中心运营管理框架详解，如表6-4所示。

表6-4　财务共享服务中心运营管理框架详解

财务共享SLA及定价管理	能够针对纳入财务共享服务中心的业务产品，定义财务共享服务中心与其服务对象之间的服务水平协议。服务水平协议应当对服务双方均能够进行有效的约束，规范服务对象的输入标准，规范财务共享服务中心的产出标准。基于服务标准，结合财务共享服务中心的成本能够设定公开透明的内部转移价格
财务共享人员管理	能够对财务共享服务中心的管理团队开展有效的培养及管理，有效评价管理团队的管理能力，及时优化管理团队的人员构成，建立起有效的管理团队成员的选拔和晋升机制。同时，也需要建立必要的考核和淘汰机制，针对关键岗位建立必要的轮换机制
财务共享风险与质量管理	能够针对财务共享服务中心建立风险管理和质量管理机制，积极推动RCSA、KRI、重点风险事件管理等操作风险工具在财务共享服务中心的应用，积极推动全面质量管理、六西格玛管理、精益管理等质量管理工具在财务共享服务中心的应用，构建良好的风险和质量文化环境
财务共享服务管理	能够对财务共享服务中心的服务管理建立科学、专业的管理体系，构建清晰的服务方法、服务工具，对财务共享服务中心的服务满意度水平进行有效的衡量，并积极推动服务优化，提升服务对象的满意度
财务共享信息系统管理	能够积极推动财务共享服务中心作业相关信息系统的优化和改进，主动提出改进和优化业务需求，并配合信息系统管理部门共同实现对信息系统的优化提升

2.智能增强

对于财务共享服务中心的运营管理来说，不少财务共享服务中心还停留在依靠人工进行管理分析的状态。因此，提升财务共享服务中心的运营管理水平，首先应当提升运营管理的基础信息化水平。

在提升基础信息化水平方面，可以借助信息系统实现绩效指标的管理，并应用于绩效看板和绩效报表。在准入评估方面，可以进行系统化的评估流程执行，并将评估模型系统化。在SLA和定价方面，能够基于系统进行SLA的各项指标的计算和出具报告，并据此结合定价标准测算出具各服务对象的结算报表。在风险管理方面，能够将RCSA、KRI及重大风险事项管理三大操作风险管理工具系统化，并应用于财务共享服务中心。在质量管理方面，能够将质量抽检、质量结果反馈、质量报告出具等质量管理过程系统化。在服务管理方面，能够构建邮箱及热线系统，以支持客户服务的专业化。

而在新经济下的智能时代，我们能够在上述信息化手段建立起来的基础之上，引入大数据技术，提升对财务共享服务中心在绩效分析、风险发现、质量评价、服务跟踪等方面的深入管理，依托更为丰富的数据输入，提升财务共享服务中心运营管理的层次。

（五）财务共享服务中心外包及众包管理

1.框架详解

财务共享服务中心外包及众包管理框架详解，如表6-5所示。

表6-5　财务共享服务中心外包及众包管理框架详解

项目	说明
服务模式战略管理	能够明确自营、外包、众包等财务共享服务中心实现模式的优缺点，选择符合企业自身需求和特点的战略决策。选择适合自身的管理模式，进行财务共享服务中心的建设
外包供应商选择管理	在引入外包的财务共享服务中心模式下，能够对外包商的规模、与分包内容的匹配情况、成本、服务能力、交付质量等方面进行有效的评估，建立外包商评价机制及外包商资源池。能够根据需要，选择适合企业情况的合适的外包商
外包商交付管理	能够对外包商的交付过程实施有效的管理，建立交付过程管理规范，必要时设置驻场交付管理经理，对交付质量、交付时效、交付成本等关键交付指标进行主动管理，与外包商建立良性互动，持续改进外包商的交付能力

续表

项目	说明
众包平台搭建	对于选择众包模式的财务共享服务中心来说，能够搭建满足众包模式需求的众包平台，平台支持任务的拆解及发布，支持用户进行高效的众包作业，支持任务完成后的组装，支持特殊情况的处理。对于财务共享服务中心来说，也可以考虑选择第三方众包平台直接发布任务
众包平台用户获取、服务及管理	对于自建平台的财务共享服务中心来说，需要积极主动地推广平台，获得支撑平台任务作业处理的公众参与，能够对平台参与者进行培训和服务管理，提升平台用户的作业技能与作业效率，帮助平台用户与财务共享服务中心获得双赢回报
外包及众包风险管理	能够有效地管理外包及众包过程中的潜在风险，关注外包商之间的信息及数据安全问题，加强外包商现场及非现场作业情况下的信息安全管制。对于众包用户来说，能够通过技术手段拆解任务单元，减少任务单元的信息量，并实现任务单元的随机分散处理，减少用户还原完整信息的可能性。同时，应当加强相关作业平台的网络安全

2. 智能增强

外包与众包模式是企业财务共享服务中心采取轻资产运营的产物。外包模式由来已久，是相对传统的业务模式，而众包模式本身是智能时代的创新产物。无论是外包还是众包，都能在从人工运营向智能化运营过渡的过程中，帮助财务共享服务中心解决人工智能作业所需要的数据输入的问题。

结合 OCR 技术，并辅以外包或众包，财务共享服务中心能够在现阶段比较好地完成财务业务处理输入数据的采集工作。这些数据的获取能够让我们有机会在财务共享服务中心应用基于规则的自动化作业或机器学习技术，在国内还需要大量依赖纸质原始凭证的环境下，率先一步实现智能技术的应用。而在未来，前端数据的全电子化实现，将替代对外包或众包的需求，并最终迈向全流程的智能化处理阶段。

二、大型企业财务共享服务中心建设的战略思考

随着国内财务共享服务中心的风潮渐起，不少大型企业也加入了建立财务共享服务中心这个行列。但是大型企业建立财务共享服务中心和单一企业是不一样的，需要面

对和解决更多的问题。我们从大型企业财务共享服务中心的建设策略、建设风险和实现路径三个方面来展开战略思考。

（一）大型企业实施财务共享服务的策略

大型企业建立财务共享服务中心需要面对自身独特的复杂性，并结合其特点选择合适的实施策略。

1. 大型企业实施财务共享服务需要面对的复杂性

对于大型企业来说，其财务共享服务的实施将存在以下复杂性。

（1）多业态

大型企业经过多年的经营发展，有相当一部分已经实现了从单一业态向多业态的转变。对于此类企业，特别是对业态众多、跨度较大的企业来说，在实施财务共享服务时，在跨业态业务流程的整合与标准化、信息系统的整合与统一方面都将面对相当的复杂性。

（2）高速增长

多数大型企业已经进入高速扩张和发展的阶段，基于投资兼并方式扩大自身规模的发展模式更是常见。在这样的背景下，实施财务共享服务要考虑到未来发展增速带来的拓展性，以及在投资兼并模式下，新企业进入企业后系统不统一、制度标准差异化的环境复杂性。

（3）高定位

对于大型企业来说，在当前阶段建立财务共享服务中心必须考虑到方案及实现后效果的领先性，以获得管理层对项目的支持。因此，在项目设立之初便会设定较高的目标定位，也为财务共享服务的实施带来一定的复杂性。

（4）技术环境复杂

大型企业的信息化建设往往错综复杂，如财务系统众多、业务与财务系统间的数据交互复杂等。在这样的环境下实施财务共享服务，其配套信息系统建设将影响现有的系统架构和接口，其技术难度也更高。

在这样的复杂环境下，实施财务共享服务需要进行更全面、更严谨的准备，并在顶层设计和落地实现两个方面均予以充分的策略考虑。

针对大型企业财务共享服务的建设，在顶层设计层面，从“管模式”和“控变革”两个角度进行管理；而在落地实现方面，则可以重点关注“定标准”“建平台”“重实施”三个方面的内容。

2. 大型企业实施财务共享服务的顶层设计策略

（1）管模式

大型企业的财务共享服务模式构建，需要从定位、角色、布局、路径四个方面进行规划设计。

第一，定位规划。财务共享服务中心的建立将带动整个财务组织的变革。因此，需要清晰地规划设计财务共享服务中心与企业总部财务、下级机构业务财务之间的关系。在财务共享服务中心建立之前，应当明确其在整个财务组织中的管控、汇报关系，明确各项业务横向与总部其他财务部门、纵向与基层财务之间的职责边界。同时，还需要考虑财务共享实施后，如何推动基层释放的财务团队的转型。

第二，角色规划。财务共享服务中心的建立未必在企业层面，所以需要明确企业或总部财务在建设过程中的职能和角色。常见的角色定位包括仅进行总体规划建立标准、规划并兼顾财务共享服务中心建设的项目管理、规划并直接负责财务共享服务中心的建设落地等。应当及早明确企业或总部的角色定位，并进一步明确其与下级机构之间的角色分工。

第三，布局规划。大型企业财务共享服务中心有单一中心和多中心两种模式，多中心模式又可基于流程、业态板块、区域或灾备等区分各中心的布局定位。企业建设财务共享服务中心时，应当提前明确布局规划，根据自身特点选择合适的模式。在选择时，可从业务的多元化程度和对业务单元的管控力度两个方面综合考虑。

第四，路径规划。大型企业的财务共享服务中心建设难以一蹴而就，需要分批次有序推进，在推进路径上可以按照流程、地域或业务单元推进等多种不同的模式开展。各种推进模式均有利弊，总体来说，按流程推进对财务自身来说复杂性较小，而按地域或业务单元推进对业务部门的影响较小，企业可根据自身的实际情况进行评估选择。

（2）控变革

在顶层设计阶段，变革管理的重点是风险的预先识别以及风险预案的准备。在变革过程中，需要将更多的精力付诸风险事项的过程监控。财务共享服务中心的建设需要重点关注和管理变革风险，好的变革管理，能够为项目的成功落地带来重要帮助。

3. 大型企业实施财务共享服务的落地实现策略

（1）定标准

大型企业的财务共享服务设立需要着重关注标准化，从组织、流程、服务水平三个方面进行规划设计。

第一，组织架构标准化。在大型企业财务共享服务的推进过程中，组织架构标准化能够加速管理复制的速度，增强组织管控的力度。组织架构标准化首先需要对组织的职责进行有效的识别，先行建立流程和职责的标准化，在此基础上构建统一的管控关系和标准化的岗位体系。

第二，业务流程标准化。业务流程标准化首先应当构建清晰的流程分类体系，定义业务场景并建立业务场景和流程之间的对应关系。此后，基于细分动作，进行属地、职责、支持系统的标准化定义，并形成流程模板，进而汇编流程手册。推进流程标准化对大型企业的业务规范将起到至关重要的作用。

第三，服务水平标准化。大型企业的下级单位数量众多，人员规模庞大，推进服务标准化尤为重要。财务共享服务中心应当明确其对客户的服务模式、服务边界，并建立制度化的服务规范。在和下级单位客户进行内部结算时，还需要制定相关的指导标准，以明确双方的权利责任关系。服务管理相关内容也可以通过服务水平协议的方式进行规范和标准化。

（2）建平台

大型企业的财务共享服务中心需要建立相关的作业系统支持平台和统一的运营管理平台，具体应该做到以下几个方面。

第一，规范系统平台建设的要求。企业在建设财务共享服务中心时，应当对未来系统平台的架构进行规划设计，明确财务共享服务支持系统的主要功能、系统架构以及与外围系统进行集成的总体要求，进行合理的系统选型、需求设计、功能开发。同时，系统平台的建设，还需要设计完备的上线策略，妥善安排相关人员的培训。

第二，建设运营支持平台。大型企业财务共享服务中心的人员数量、团队规模相对庞大，需要建立统一的运营支持平台，以提升整体的运营效率。在企业层面建立运营管理团队，形成自上而下的抓手尤为重要。在具体实施时需要明确企业财务共享服务支持平台的职能职责、工作方式，明确各级财务共享服务中心的运营绩效要求，并对结果实施评价。

（3）重实施

财务共享服务的最终落地是一个注重细节、复杂的过程，需要相关各方投入资源和精力。对于企业和总部来说，更应当积极地参与各业务单元财务共享服务的建设过程，树立标杆，推动全局计划的落地实施。

大型企业财务共享服务的建设需要谋定而后动，从顶层设计和落地实现两个方面进行全面考虑，控制实施风险，提升实施效果。

（二）大型企业实施财务共享服务的变革风险

大型企业实施财务共享服务的变革风险包括与业务部门相关的风险、与财务人员相关的风险、与业务领导相关的风险及其他风险四个方面。

1. 与业务部门相关的风险

（1）业务流程转变带来的满意度降低的风险

第一，风险描述。实施财务共享服务后，业务流程将发生重大改变，报账凭证将从面对面服务转变为异地服务，由于信息传递链条加长，如果管理不当，业务部门的服务满意度将存在下降的风险。

第二，应对措施。在流程设计上应充分考虑上述因素带来的影响，减少对业务的冲击，减少不必要的审批环节，提升流程流转效率。同时，加强对全流程的时效管理，借助信息化手段提升业务处理效率，推动服务体系的建立，提升业务部门员工的满意度。

（2）财务共享后基层业务部门对变革抵触的风险

第一，风险描述。由于对财务共享不理解，担心被集权或利益被触及，财务共享服务中心的实施必然会面对来自机构业务和财务人员的抵触。

第二，应对措施。在实施方案中应充分安排沟通宣导，解决其关心的核心利益问题，获取各级领导和基层员工的支持。在实施过程中应尽量降低员工的抵触程度，缩短抵触周期。此外，应当明确业务部门比较敏感的领域不会发生变化，如资源配置权利、与银行等合作机构的关系等。

（3）财务共享后业务财务支持能力下降的风险

第一，风险描述。财务共享服务后，由于基础财务核算和出纳职能上移至共享服务中心，如果没有及时落实基层财务的转型和业务支持模式，容易导致基础财务支持的脱节，带来业务部门的不满。

第二，应对措施。在进行财务共享服务方案设计的同时，应当同步考虑基础财务转型后的工作内容的设计，财务共享的实施不应当削减基层财务过多的资源，而应当保留适当的人员实现结构化转型。

2. 与财务人员相关的风险

（1）财务共享服务后人员调动和分流的风险

第一，风险描述。财务共享服务后，基层员工存在调动至共享服务中心、转型至业务财务、分流至其他部门甚至离开公司的可能性。人员的抽调存在员工难以适应异地变迁，产生抵触情绪的风险。

第二，应对措施。针对基层财务人员进行财务共享宣导，帮助其及时了解财务人员的未来工作意向，在人员安排上尽可能实现匹配。积极做好调动和分流人员的安置工作，以保障变革平稳推进。

（2）财务共享服务后基层财务人员转型的风险

第一，风险描述。在基层财务中涉及转型业务财务的员工，由于长期从事核算和出纳工作，此类人员的转型受其工作经历、学习能力的影响，可能出现部分人员转型困难的风险。

第二，应对措施。通过多种方式加强对基层财务人员转型的培训，同时，针对业务财务工作建立自上而下的指导体系，对各项工作建立标准化和模板化的工作指引，降低转型后的工作难度。

3. 与业务领导相关的风险

（1）标准化对业务领导管理习惯改变的风险

第一，风险描述。在财务共享服务建立过程中会进行大量的标准化，在对业务制度（如分级授权体系）进行标准化的过程中可能会影响业务领导的管理习惯，从而带来抵触的风险。

第二，应对措施。标准化的建立仍应当保留适当的管理自由度，通过管理模式套餐的方式，平衡差异化的管理需求和标准化的诉求。

（2）信息系统建立后对业务领导审批习惯改变的风险

第一，风险描述。实施费控系统和影像系统后，业务领导的审批模式将从纸面审批转变为电子审批，业务领导难以再见到实物单据，带来审批习惯的转变，部分领导难以适应，会带来抵触风险。

第二，应对措施。需要公司从文化和理念上进行自上而下的转变，明确业务领导审批应更多地关注业务的真实性与合理性，财务审核的重点则是管控原始凭证的真实性。

4. 其他风险

企业实施财务共享服务的其他风险主要表现为信息系统建设风险。

第一，风险描述。财务共享服务的实施需要完善的 IT 系统的支持，在较短的时间内完成费控系统、共享作业系统、影像管理系统等多个信息系统的部署。同时，需要打通系统间的接口，尽可能实现业务的自动化处理，提高业务处理效率。由于涉及多家供应商，对系统建设的项目管理存在风险。

第二，应对措施。借助第三方监理进行统一的 PMO 管理，通过统一协调的管理平台，保障系统实现进度，控制实施风险。

（三）大型企业财务共享服务中心的四种建设路径

总体来说，大型企业在建设财务共享服务中心时有四种可选路径。

1. 一盘棋模式

在这种模式下，企业业态往往比较单一，由企业总部牵头并主持财务共享服务中心的建设，各项具体工作也由企业来统筹完成。企业总部制定企业财务共享服务中心的总体规划路径，组织并负责实施推广。各业务单元在企业总部的统一领导下，全力配合财务共享服务中心的建设工作。因此，财务共享服务中心的建设往往是一鼓作气完成的，上线的时候就是一个统一的完整的财务共享服务中心。这种模式可称为“一盘棋”的模式。

2. 由点及面模式

在这种模式下，企业业态单一或者各业态的相关程度较高。企业总部在各业务单元分别选出几个试点单位，各业务单元试点单位分别建设各自的财务共享服务中心。之后，由企业总部根据各试点单位的建设成果，组织专人统一分析、提炼，形成企业统一的财务共享服务中心模式，并指导各板块其他成员单位进行推广与优化。这种模式可称为“由点及面”的模式。

3. 制度先行模式

这种模式比较适合相关多元化企业。可以由企业总部先行出台企业整体的财务共享服务中心的规划与指引（包括组织建设与汇报关系、业务模式、服务机制、系统功能、制度体系等），各业务单元遵从总部的规范，结合其具体业务特征，自行建设财务共享服务中心。因此，最终建立的财务共享服务中心可能是基于多元业态板块的多中心模式或者一个大中心下多个分中心模式。

4. 上下结合模式

这种模式在实际中的案例并不多，可以考虑在非相关多元化的企业内进行尝试。在这种模式下，企业总部建立一级财务共享服务中心，将各业务单元具有共性的或易于集中的业务进行共享（如费用报销、资金结算等）。各板块将剩余的交易处理业务进行共享，形成二级财务共享服务中心（如应收、应付管理等），二级财务共享服务中心向一级财务共享服务中心汇报。二者需同步建立，因此从路径的角度可以理解为一种并行路径，可称为“上下结合”的模式。

第二节 企业财务转型的方向——企业司库

在当今这个商业世界剧烈波动的市场环境下，不管是高效的资金交易管理、资产负债及资金的流动性管理，还是财务风险管理，司库的职能都是企业流畅运转的重要齿轮，也被称作企业的生命血液。司库是企业管理层的核心组成部分，当企业确保司库领导力已经得以实现时，将会为出色的财务绩效搭建平台，铺平道路。因而，对于财务转型来说，司库建设是一条不容忽视的路径。如果说财务共享服务是基于财务视角解决会计核算问题，那么司库则是基于资金视角来考虑如何解决出纳问题，进而优化企业金融资源的配置效率。对于解决出纳问题的这一主线来说，最终进化升级完成后，将形成以司库长领衔的一套独立的组织与运作体系，也就是所谓的司库体系。

一、企业司库的概念

司库可以是一种与管理国家财物有关的职位或者岗位，也可以是用来保存这些财物或者汇集这些财物的地方，如金库、国库。

司库概念运用到企业，则最早可以追溯到欧美国家的20世纪70年代，作为企业战略目标实现的重要手段之一，司库首先在一些大型企业和跨国公司中进行应用。企业司库也从最早的现金管理发展为流动性管理、财务规划与决策、投融资决策、风险管理、信用管理、企业员工养老金管理、与银行及其他金融机构的关系管理、融资渠道管理等众多领域。随着企业经营成熟度的提升，管理者愈加认识到财务管理在企业管理中的核心作用，更为重要的是，人们逐步认识到现金管理在财务管理中的核心地位。基于这种认识，企业司库逐步从会计职能中独立出来，成为与企业会计部门平行的企业司库管理职能部门。

如今，在更为先进的网络信息技术和金融系统的推动下，企业开始将与司库管理相关的功能进行更为专业化的集中管理，提升企业资金管理的效率，降低资金使用成本和资金使用风险。商业银行也在这一时期，从自身业务发展的角度出发，开始推出各种现金管理业务，包括成立司库管理部门，以期在产品创新、人员配置、技术服务咨询等方面去对接企业司库管理的部门或者职能，争取更多的高端企业和机构客户。

目前，学术界对于企业司库概念的内涵和外延，即“企业司库是什么”的观点并不多见，也鲜有学者对这个概念进行定义。

国内比较权威的说法有以下两种。

说法一，企业司库是以企业金融资源管理组织为主体，以信息系统为管理平台，对金融资源运动全过程进行反映、分析、评价与决策的管理活动。

说法二，企业司库不管是作为企业管理资金的部门或是对资金实施管理，其实质是指对企业的金融资产进行有效管理的一系列活动。

我们则认为，司库并不是一个“舶来品”，在中国古代，自隋唐以来，乃至元明清，其财计组织中都设置有专门掌管各种财物的官职。只不过自近现代以来，西方国家在现代企业中出于资金管理的重要性设置了专门管理资金的岗位，叫作司库。单纯地从司库这两个字而言，司是主持、操作、经营的意思，库就是库房，司库的字面意思就是指看管库房的人。从西方国家关于企业司库的运作过程来看，现代意义上的企业司库则是指一种岗位，即企业资金管理部门的最高负责人，这个岗位是与主计长（Controller）平行的一个岗位。企业司库管理则是将传统的资金视为金融资源，从企业战略与价值创造的视角出发，基于目前的资金集中管理系统，利用更为先进的管理制度、IT 手段、完善的金融市场来持续提高企业整体资金收益的一系列活动。

二、企业司库在企业中的角色定位与职责范围

（一）企业司库在企业中的角色定位

我们认为，企业司库在企业中的角色定位是一个复杂的决策问题。在大多数情况下，它会受到公司的规模与复杂程度、行业的运作和发展阶段、母子公司所在国家、投资者的性质、企业面临的风险的性质与规模、公司的信用实力、财务主管的经验与素质、企业历史、文化和组织结构、企业发展的生命周期与阶段、行业性质等多种因素的影响。

举个例子，在职能定位方面，司库的角色在很大程度上取决于个体企业和组织类型。工程公司可能会在长期债务或者资金融资时需要具有税务技巧的司库；零售和消费者组织可能会需要具有贸易谈判技巧的司库，他们可能需要与交易目标公司谈判；制造公司可能需要营运资本的专业知识以加速采集和收款流程；全球性企业可能会重点关注跨国的资金管理运作技能。此外，对于中小型企业，司库更多地扮演提供服务或者管控的角色，大型企业则期望其提供服务与管控并重，并在此基础上与战略结合创造价值。这样就使得司库在不同环境下呈现不同的角色定位。

通常而言，企业的首席财务官负责企业全面的财务管理工作，其下设财务部门和司库部门，分别由财务总监和企业司库负责，他们的下面再设置有若干岗位。司库要和财务总监一起向首席财务官报告。

财务总监的主要职责是根据外部监管需求、利益相关者需求及企业内部的管理需求，通过各种会计核算的信息系统功能提供他们所需要的信息，以供首席财务官进行决策使用，这是一套财务管理信息系统。其具体职责是充分利用财务报表核算体系、司库管理体系为管理的各种需求提供信息决策使用。为了更好地发挥这种信息决策功能，增加其价值的创造能力，许多跨国公司和跨地域的大型企业会将其中的核算职能逐步外包给财务共享服务中心去完成，这使得更多的会计核算人员从低附加值、重复程度高、劳动力密集型的工作中解脱出来，去从事更加具有价值的业务型财务和战略型财务，并积极研究各个层次管理者的需求以便提供给管理者决策所需要的信息。

企业司库则从资金管理的角度负责流动性管理、全面管理企业财务风险、安排企业内外部的融资、进行短期和长期投资、管理企业与银行及其他金融机构的关系，制定和执行企业司库管理的政策和程序，这是一套财务管理理财职能系统。企业司库管理系统结合财务管理信息系统的组织架构特征与变革，也逐步构建了一套战略决策层、操作层、基础流动性管理层的组织架构体系。并且，许多跨国公司和跨地域的企业公司也开始将基础流动性管理的职责外包给财务共享服务中心去完成，这时的财务共享服务中心充当了“支付工厂”的角色，大大释放了企业司库基础操作层面的人员，提高了现金的可见性，这使得企业司库管理的运作更加与业务和战略决策层面结合，能够更加释放企业司库的价值创造功能。

（二）企业司库在企业中的职责范围

虽然不同特征的企业司库角色定位不同，不同的角色定位会导致司库的职责范围不同，但其大体的职责范围还是一致的。

关于企业司库的具体工作职责，世界上最为著名的两个资金管理的行业协会团体：美国的 AFP 协会组织（The Association for Financial Professionals）、英国 ACT 协会组织（Association of Corporate Treasurers）分别有着不同的论述。AFP 认为，企业司库是面向企业和其他机构的综合性财务和金融服务，具体包括：（1）财务规划及财务分析；（2）流动性管理；（3）企业投融资决策；（4）风险管理与养老金管理；（5）内外部银行关系管理；（6）制定和执行司库政策与程序等职责。ACT 所定义的企业司库职责涵盖了五个核心要素：（1）公司理财；（2）资本市场与融资；（3）现金与流动性管理；（4）风险管理；（5）司库运行与控制。

两个协会关于企业司库的具体职责差异主要表现在公司理财职责上。根据 ACT 的论述，公司理财是关于企业发展战略与计划、制定投资决策，并对公司价值产生积极影响的实践活动。其主要的任务包括降低公司的加权平均资本成本、确保公司的价值被投资者公允评估，以及确保投资者能够从公司获取与其所承担风险相对应的回报。在许多企业中，公司理财确实变成司库的职责，但是其主要还是发生在一些较少收购与兼并的企业之中。在其他的企业中，由于公司理财是一个非常专业的职能，其复杂的战略计划往往花费大量的财务管理时间，因此，其通常需要由专业的律师和金融专家制订。

三、企业司库管理精要

（一）司库设计

司库设计是指将司库的功能、人员和流程组织起来，使其高效有序地运行。由于实现目标的路径和模式可能不止一个，所以在为组织机构设计有效的司库时要参考一些其他因素，包括成本、决策和决议所需的周转时间、广泛而严格的控制、资本的可用性和多样性、不同地域的法律环境、公司遵循的会计惯例和业务运营所在地的会计环境、税收、自动化程度、当前和未来的交易量、经营规模的增长、竞争对手和行业情况的动荡预期等。此外，司库的三大职能——交易管理、资产负债表和流动性管理、风险管理，也是司库设计要考虑的基础性要素。司库设计流程如下。

他们掌握合适的技能，并将其放在合适的岗位上，且有合适的报告途径。它还与集中化程度和外包决策有关。（1）流程设计。创建在具备可控制、可衡量、可切换的完备流程的基础之上，流程设计为司库职能构筑堡垒。（2）控制设计。强大的控制要素是针对实施和执行过程中潜在危险和情况的保护措施。即使司库设计的其他要素都已具备，一个薄弱的控制设计将会削弱已实施的司库设计和流程的力量。（3）账户结构设计。设计合适的账户结构是一个经常被忽略的要素。临时账户开立不仅会提高成本、降低控制力度，还会导致降低透明度，达不到现金的最优配置。在有些国家，监管状况也会影响与账户结构相关的决策。（4）现金流设计。现金流可以在不同的时点以不同的形式或币种发生在不同的地域。集中管理这些现金流可以降低成本，增强控制和提高现金流的可见性，从而大大提高效率。（5）资本结构。司库在交付过程中需要考虑的一个重点是确保企业资金充足，且企业为资本所支付的价格在该情况下是最低的。此外，资本结构是影响企业的信用评级、财务认知和绩效的因素之一，也是潜在投资者和贷方评估的重要方面之一。（6）风险架构。风险架构包括风险管理和风险结构，是司库设计的最重要的要素。

（二）司库政策

1. 框架

通常，司库政策分为正文和附件。其中，正文包括司库管理的整个思维过程和方法，附件包括特定的执行方面。

原则上，董事会批准司库政策的正文和附件，并且给予司库管理团队在首席财务官的监督下定期实施司库政策的灵活性。

为了确保与市场和业务发展同步，企业可能需要在每个季度对附件进行审查，而对整个政策和政策本身的绩效只需每年进行一次审查即可。

司库政策的正文一般包括以下 5 个部分：（1）基础，包括基本原理、背景和理念、范围、运营和控制、目标、政策批准和审查、不合规和异常解决方案、和会计政策的一致性、行为准则等；（2）角色和职责；（3）交易管理；（4）资产负债表和流动性管理；（5）风险管理。

附件包括需要管理的风险、要旨、风险管理和投资的数额及时间范围、授权的产品和安排、授权的签署人和限制、风险管理工具（如预算价格）、情景等。

2. 政策实施中的注意点

（1）异常情况处理

司库的规模越大，异常情况就越容易发生。司库政策必须包含：处理异常情况的要素、解决方案和调整方法、程度和追踪等。企业要对每一个异常情况进行审查，并确认该类异常情况已包含在政策中。刚开始，司库政策可能不包括所有类型的政策。因此，除了从根本上纠正问题，司库还必须确保新的异常情况或者问题类型及其解决方案包含在司库政策中。

（2）贴近市场

通过定期市场监测来管理风险并不是一件轻松的工作，司库要贴近市场、理解市场动态，当市场出现有利变动时，抓住机会，当市场出现不利变动时，及时采取相应措施。为此，市场信息系统（如 Reuters Eikon）几乎是司库在风险管理中不可或缺的工具，能够为司库提供市场动态，并且通过各种媒体定期进行信息更新。

（3）竞争策略

司库部门的竞争策略是制定政策和方法的重要参数。如果该企业或者司库部门处于领导地位，司库可以选择反行业策略。许多司库，尤其是成长型企业的司库，在确定方法之前，一般会考察市场最佳实践和行业动态。

（4）选择正确的产品

正确的产品对对冲十分重要。有时，企业会选择一些对企业而言并不是最恰当的对冲产品。

3. 审查

（1）限额及其使用情况的审查

限额和限额使用情况的审查对司库政策来说也很重要。限额一般是指市场因素的最大（或最小）风险程度。例如，企业在货币市场的投资不能超过 1 亿美元，持有的欧元余款不得低于总余款的 10%，只能对冲最多 70% 的日元风险，第一年不对冲的西得克萨斯中质原油风险不能超过 2500 万美元。一旦超过限额，司库要立刻予以纠正。如果出现经常性的限额违反，司库需要分别从合理性、运营或者交易商纪律的角度来对限额进行审查。类似地，如果存在大量未使用的限额，司库也要审查该限额对特定市场因素来说是否设置得过高。此外，司库政策也包括对交易（投资或者存款）和授权人员的限制，同时要注意对这些限制的审查。

（2）政策的成功和失败

董事会和首席执行官通常会将在实施后不久就能够生成利润的司库决策或者政策视为好的司库决策或者政策，而在短时间内，如果该政策使企业遭受损失，也会给该政策蒙上一层阴影。这个思维过程会不断强化。

（3）和企业商业计划的联系

司库政策中与增长、现金流、融资、投资和风险管理等有关的所有政策都必须和企业的商业计划紧密相连。那些管理出色的企业会更加注重商业计划和愿景。它们在最开始就会将司库对计划的意见考虑在内，并会就商业决策和策略的实施中涉及的资产负债表、风险，或者其他实施要求做足准备。比如，如果某个美国大型工业企业打算进军南非市场，此时该企业的司库就要和业务经理保持密切合作，构建金融基础结构，妥善解决业务落地时的支付、托收、融资和货币等问题。

4. 实施

司库政策的实施在政策制定过程中通常会被忽略和低估，通常涉及以下几方面的问题。

（1）经销商相关限制

在和市场相关的交易中，制定和交易者相关的交易限制是一个探索的过程，企业可以通过时间积累找到平衡点。这些限制涉及经销商使用频率、在不耽误决策的前提下各种限制适用的情况、增加的授权、对交易商相关限制的经常性违反。

（2）寻找合适的价格到决策所花费的时间

有些时候，一些级别较高的交易需要得到高级管理层的批准，但是由于频繁出差和繁忙的会议日程，高级管理层可能无法立即做出批准。因此，当存在大量未决策交易时，企业可以进行目标级别交易预批准，或者确定每个交易的授权范围。毕竟，市场机会稍纵即逝，可能等不及首席财务官结束会议后再做决定。

（3）输入和核对

每一条信息输入都要有一个输入者和核对者，尤其是后台的信息输入。不管输入信息的规模如何，除非是手动，否则输入信息都必须经由单独的办公人员批准。工具、支付、账户转账等也必须由两个人操作，以确保某种级别的控制。在某些情况下，从重要性角度讲，也要设置无须批准的阈值。

（4）独立的后台部门

从控制的角度来说，后台部门的独立性很重要，尤其当司库是一个较为积极的领导者时。同样，中台部门报告也要独立于前台部门和后台部门。

（三）司库系统

1. 司库管理系统背景

（1）需要司库系统的原因

系统之所以重要在于其实施所带来的最终结果，即更好的财务状况。任何项目的成功，包括系统实施，都取决于是否能够使企业获得效率，进而获得财务效益。只有当系统实施（或者不实施）间接和直接地改善了企业的财务绩效时，我们才说该决策是成功的。

（2）司库系统的相关概念

在当今社会，司库越来越依赖技术、流程，以及基于技术的信息流。企业的系统体系，包括集中化司库、分散式中心及其拥有各自系统和联系的各个子公司。这些组成部分可能存在于一个单独的司库管理系统（TMS）中，也可能根据各自的系统职能而分布。

司库管理系统（TMS）的一些功能能够为司库在处理和支持流程等方面提供帮助。这些功能包括银行、资产负债表和资金、市场和风险、现金流、交易输入、后台部门（运营）、中台部门（流程和控制）、现金流、预测及分析。

司库管理系统（TMS）通常和企业的总账（GL）系统或企业资源计划（ERP）系统有联系，也和企业体系的其他系统有联系。风险管理、账户和现金、增值这三个关键主题是描述或者阐明各种角色和流程的唯一方法。

2.TMS 建立流程

以下将对 TMS 建立的 10 个简单步骤进行研究。

（1）项目团队和工具创造

决定系统并且帮助系统完成的项目团队应该由关键成员组成，团队关键成员应是系统直接或者间接受益人。

TMS 项目团队由项目经理领导，要包括那些对司库运作有全面了解的不同职能部门的成员，并根据运营的复杂性选择其他职能部门的成员。有些司库坚持要将所有职能部门的成员包括在项目团队中，认为这样能够激发成员的热情和积极性。建议在选择队员时要审慎。

一旦 TMS 的选择过程结束，该团队的使命就正式结束，但是一般而言，实施团队会接受项目团队成员，并作轻微调整。当然，为了保持连续性，两组队员最好保持一致。

（2）需求分析

需求分析的目的是筛选出进入信息征询（RFI）阶段的关键需求。根据 TMS 的关键特性筛选得出的清单是参考要素之一。以下方面需要重点关注：第一，现有系统环境和自动化程度，包括 ERP/GL 系统和其他实体。第二，哪些程序需要自动化？是用新系统替代现有系统，还是进行一次彻底的新的自动化？哪些程序和行为需要被替代，或者需要进行改进以提高效率？

（3）公布系统 ID

在该阶段，企业除了要做出实施决策和预估实施可用系统的大概预算外，还要收集可用的系统，以便为该商业案例做好充足准备。此外，也要通过充分的信息收集，形成一份长的供应商列表。

（4）商业案例——里程碑 1

当开始为商业案例做准备并且项目获得管理层批准时，企业就迎来了第一个里程碑。如前所述，TMS 的建立，一方面会带来潜在的成本节省和效率的提高，另一方面也会降低运营损失和控制失误的可能性，本阶段将会量化以上两方面给企业带来的收益。企业需要量化 TMS 实施所带来的初始节省和年度节省。此外，成本的量化可以使人们对系统实施的最大成本或者盈亏平衡成本有一个大体的了解。

一般而言，商业案例应该经管理层团队批准，该管理层团队包括首席执行官、首席财务官，有时还可能包括业务主管。

除了官方认可和预算外，管理层批准是对团队工作的全面性和理解性的一个良好测试。管理层的问询也会给团队提供角度和深度，帮助团队提高系统满足需求的能力和系统本身的稳健性。

（5）信息征询（RFI）——里程碑 2

信息征询（RFI）是实施过程中第二个里程碑。其目的在于识别出各种供应商，并从供应商处获得信息，最终形成一个用于 RFI 的简短列表。此外，还要确保 TMS 的性能列表包括所有相关性能。

企业要和长列表中的供应商进行联系，并且从供应商处获得能够使他们进入简短列表的具体信息。在该过程中，需要注意以下两个方面。

第一，向供应商提供足够的信息，帮助他们理解解决方法，但是也不要给予太多的信息，以免影响供应商发挥其自身的才智和创造力。

第二，鼓励供应商表现其自身价值，并向其指出他们的所思所想可能会被采用。记住该实践会丰富企业自身的需求列表，并且有可能使企业注意到一些一开始就忽略的方面。

（6）建议征求（RFP）

一旦 RFI 阶段收集信息完毕，需求列表和最终 RFP 模板就会确定下来。简短列表中的供应商确定，入选的供应商进入最后选择阶段。

简短列表中的供应商通常会在客户的办公室进行展示，以证明其系统和系统性能。如果可能的话，供应商可以在虚拟系统或者试验系统中给企业设置用户 ID，使团队成员能够在其方便时访问该系统，感受系统性能。此外，企业也应鼓励供应商尽可能地提供一些能够帮助企业决策的相关信息，当然，也不要提供太多信息，以防造成信息过量。

（7）选择——里程碑 3

供应商的选择和决策是第三个里程碑，也是最重要的一个。

企业可以按照一定的标准给每个供应商评分，然后去掉最高分和最低分，计算得出每个供应商的平均得分。

该得分只是一个数字，企业还必须考虑其他因素，包括整体方法、期限、企业根据自身经验给出的主观感受、和供应商的关系等，尽可能地使该选择过程透明和可审计。

如果排名最高或者接近最高分的供应商不止一个，企业要进一步考察所有接近最高得分的供应商。在供应商选择过程中，成本因素是应该考虑的重要因素，但并不是唯一因素，企业应该综合考虑各种因素。

（8）实施和集成

一旦供应商选定，接下来就是实施 TMS。由于在实施过程中，需要将 TMS 融合进企业的程序、现有系统和环境中，所以我们在研究实施时一并研究集成。

在实施和集成时，必须建立团队，该团队可能是选择团队的衍生团队，不过需添加来自供应商一方的成员，这样有助于转变过程顺利实现。

在测试阶段，团队需要包括来自各个职能部门的代表。

企业可使用项目管理工具和追踪方法来管理实施和集成过程。

（9）审查和评估——KPI/ 里程碑 4

审查和评估是最后一个项目里程碑，评估和度量系统实施的成功很重要。在该阶段，要提前制定用于测试系统有效性和适用性的关键绩效指标（KPI），这些指标要可测量且可量化。

（10）维护

系统的持续管理、定期审查和供应商管理是一个持续的过程。司库职能部门要在 IT 职能部门的支持帮助下给予系统足够的管理。

在实践中，好的系统选择、实施和维护远比纯粹的概念要复杂得多，在每一个过程中都肯定会出现障碍，但是如果巧妙地将想法和实施相结合，付出足够的精力和脑力，司库系统会成为企业增强其盈利能力的利器。

四、司库的运营和控制

（一）工具

在司库的运行过程中会用到许多工具。从运营和控制的角度看，下列工具尤为重要。

1. 政策

司库政策是司库运营和控制的起点。司库政策要能够识别关键要素、活动、风险及缓解工具，分派任务和职责，定义限制参数和功能参数等。流程和程序必须遵循政策。

2. 流程图

流程图为严密的流程说明奠定了坚实的基础。流程图有不同的种类和标准。笔者本人比较喜欢按任务画流程图，这样各个任务之间的切换点界限清晰。“传递”是流程图所体现的显著优势之一，因为在传递的过程中潜藏着发生错误的危险。所以，以文件的形式恰当地反映传递过程并尽量减少传递发生的频率和次数，就显得十分重要。

3. 流程说明

流程说明，又称标准操作规程，是司库流程中对活动和任务的详细说明文件。使用统一格式的标准化流程说明有以下几个优点。

（1）提高运营的效率和效果；（2）为新员工提供现成的参考工具，便于他们迅速开展工作。为现有员工提供专业性的辅助资料，以便他们在模棱两可的情况下，对流程相关方面的问题进行查明和确认；（3）便于审计师、审查人员和监察机构连贯地了解流程，减少误解；（4）提高透明性，揭露错误产生的可能，以及改进方向，从而加强控制，提高流程的严密度；（5）提高员工的积极性、认知度和士气；（6）降低成本；（7）为先进的司库设计提供一个全公司视角的、交叉定位的标准。

4. 系统和技术

系统和技术的出现极大地提高了司库流程的效率。无论商业活动的实质是什么，其成熟程度、规模和所处的发展阶段如何，司库都毫无疑问受益于自动化和系统的建设。而越来越积极的银行系统、支付网关和供应商的自动化为强大的司库流程增加了一道壁垒。以下就系统和技术方面的两个关键问题进行探讨。

（1）为良好的系统匹配流程好，还是为现有的高效的流程配置系统好

获取新系统的原因之一是为了改善流程。假设已存在一个经过检验和测试的强健的系统，它能提高整个流程的效率，那么把这个系统作为推动者，借此机会加强现有流程是更实用的做法，此时我们无须为了保留现有流程而改变系统。

（2）使用卓越的技术重要，还是对技术的充分利用重要

答案是，一个系统的好坏取决于它的用法。很好地使用系统，充分发掘其潜能，比投资一个顶尖的系统但只是部分利用其能力要好。当然，任何系统都必须满足现有标准并拥有所需要的功能。

5. 一体化

对系统、流程、会计和整个公司架构内的控制的一体化会增加流程的协调性并且有效地减少重复和返工。

6. 报告

好的报告机制只花费较少的时间和人力，且具有及时性和恰当性，可以为每个管理级别进行详细的优化。过度报告会浪费时间并减少对信息重要性水平的感知度，而且从庞大的数据中识别出哪些是有意义和必要的信息需要做大量工作。

7. 控制

定期审查和控制流程可以确保减少意外的发生，以及因后续程序的不足而导致的损失。

（二）不同的部门：前台、中台、后台

在企业中，跨越前台、中台和后台部门的职责划分越来越受欢迎。银行业拆借为世界许多创新和思维过程提供了最关键的中台功能。此功能会对前台和后台办公室活动进行映射，并与它们紧密联系运作，最终独立地报告并确保管理部门能够定期接受司库过程中其他两个阶段活动的定期更新。

1. 前台部门

前台部门聚焦于规划、交易或者买卖、融资、投资、风险管理、与银行建立关系，并开发账户。前台部门的关键是最终的交易决策。此功能直接对司库进行报告。

2. 中台部门

中台部门聚焦于控制、估值、协调前期和后台部门、绩效评估、模型验证、风险报告并进行监管限制。中台部门主要是对前台和后台部门进行监督，并对这些部门的控制和报告负有责任。中台部门的报告要始终独立于前台和后台部门、控制部门（如果司库不具有交易性角色）、首席财务官（CFO）及风险空头（如果控制部门监督后台部门）。

3. 后台部门

后台部门聚焦于确认交易、结算、处理事务、基础和解，并将交易数据输入企业资源规划（ERP）或总账（GL）的会计系统。如果司库也是一个进行交易的交易者或经销商，那么后台部门的报告应该是独立的，并对企业控制负有首要责任。

（三）运营和控制清单

1. 流程

跨职能的司库流程可大体分为四类。

（1）交易

现金和账户、预测、净额结算、执行、对账。

（2）风险

账面、结算、评估、限额、报告。

（3）资产负债表和流动性

总账、负债、公司内、投资、报告。

（4）其他

会计、合规性、控制、文档记录、政策、技术、服务提供商。

每个企业的流程列表可能各不相同，各个流程之间互相联系，既受其他流程的影响，又影响另外一些流程。最好为每一个流程绘制流程图，恰当地控制流程衔接。

2. 恰当控制

控制的目标是确保那些设计和实施的流程、程序、系统和政策无论是在表面上还是在实质上都得到遵循，确定司库是否存在一些会对企业造成潜在损害的财务，或者其他问题的漏洞。

司库不要希望通过控制流程了解何时发生何种情况，如流程违背、超过风险限额、流动性短缺等，也不要试图通过控制审查来考察这些情况下的纠正性措施。实际上，这些内容都在管理层批准过的司库政策和各种流程注意事项中做出规定。控制流程的目的应该是寻找出尚未被识别出来的问题，并且确定企业是否在正常情况下或例外情况下遵循了恰当的程序。

控制决定了流程的稳健性，后者反过来决定错误发生率的下降程度。从某种程度上来说，控制流程是一种风险审查，审查整个组织对司库流程的依赖性。

归纳了司库控制的四大主题。基础设施主题关注司库职能的支柱，包括技术、中台和信息安全。运营主题考虑的是各种非风险流程，包括现金和账户、投资、借入和借出、报告、对账和后台活动。政策和组织合规性包括前台活动、角色、职责和监管机构等方面。由于风险涉及许多复杂的方面，风险审计和审查是一个专业性活动，所以这里将风险控制视为司库控制的一个单独的主题。

（1）运营

现金和账户控制、总账、对账、报告。

（2）政策和组织

政策、组织结构、人事、监管机构。

（3）风险

风险监管、风险框架、风险运营、风险合规。

（4）基础设施

信息安全、中台、技术。

3. 控制确认和审查

确认和审查的目的是减少由于意外或者非意外情况下的流程中断或者资金流出。

有时，这些确认是一种事后行为，如果任何失误在发生后被识别出来，管理层要意识到这些疏忽可能会导致的潜在问题。

（1）周期性

控制和确定活动的周期性和频率必须由高级管理层制定，而且需要在司库政策中做出规定。

（2）自查和主要审查的独立性

每一个单位都要各自进行季度审查。如果是审查某个人的活动，必须指定一个独立于该活动的另一个人来审查。每个人或者流程都有其控制列表。年度流程和控制审查必须由独立于这些流程和控制活动的人进行。在理想的情况下，应由审计部门或者一个独立的控制单位负责流程和控制审查。

（3）数据来源的独立性

要尽可能地保证用于审查的数据来源的独立性。除了评估物理记录外，审查者还要对数据进行抽样检查，以确保其数据来源的独立性。

（4）抽样

当对那些无法使用系统数据的资料（如人工交易票据、发票等）进行物理验证时，审查者必须选择抽样样本，采取统计核查措施。此外，数据样本的日期不要太接近。

（5）报告

审查结果应被直接报告给司库和首席财务官（CFO）。必须给予司库在结果被传递给董事会之前对提出的问题做出回应的机会。在审查结果最终定稿和传递给审计委员会和其他高级管理层之前，这些回应也必须得到恰当评估。此外，还需要按照关键程度对每个流程进行评级。

（6）纠正性措施

审查者必须和司库就纠正性措施的实施步骤和每个步骤的实施时间达成一致，并且对这些步骤进行追踪，对已纠正的每个要素进行验证。

4. 错误和控制失误的原因

导致控制失误和可能错误的常见原因包括：（1）在流程中没有制定者和确认者，或者没有遵循流程；（2）密码共享；（3）处理和交易或者审查没有独立性；（4）数据来源不充分，或者没有独立性；（5）流程衔接薄弱，尤其是人工流程衔接者通过电子邮件衔接；（6）同一个员工对中台和后台部门都有系统权限；（7）审查过程不严格；（8）异常项目的时效不充分；（9）使用无效和不安全的工作表进行报告和追踪。

（10）不了解其他职能部门的职责和角色。

对运营和控制进行投资并确保有充分的基础设施来运营和控制一直是首席财务官和司库们需要考虑的头等大事之一。有些职能部门可能不需要直接向司库汇报，但是司库依旧需要对这些职能部门负主要责任。除了确保绩效不下降外，也要确保司库部门和组织内相关现金流的持续性和顺畅运营，有助于企业以一种稳定、高效的方式运行。

五、财务人员向司库管理转变

（一）财务人员在知识体系上应该更多地补充金融方面的基础知识与应用知识

从企业司库的职责范围来看，其涉及的内容横跨会计、管理、金融、经济学等多个学科领域，这不是一个简单的财务、会计专业背景的人才所能承担的，其必将随着司库职责的拓展，呈现更多的胜任能力需求，会涉及大量的分析与判断，必须不断提高相关人员的专业素质与胜任能力，以保障司库工作有效开展。从其掌握的知识核心内容来看，主要还是金融学的基础知识和应用知识。金融学是一门应用经济学科，其核心内容是关注货币资金的经济活动。其具体学科知识内容体系涉及货币银行、商业银行、中央银行、国际金融、国际结算、证券投资、投资项目评估、投资银行业务、公司金融等学科内容。这些内容对于财务背景专业的从业人员来说，必须逐步转变专业背景知识，不能局限于财务知识的掌握，否则就只能停留在核算和结算业务中，难以实现企业司库更高职能的发挥。事实上，财务人员知识背景的这一局限性，已经使得我国财务公司的职能局限于简单的现金预算、账户管理与资金的短期流动性管理。

公司金融这一概念最初被引入我国时，正值我国改革开放与经济快速转型时期，这时的财务人员与证券市场的结合并不紧密，与财务相应的管理则被理解为财务管理、公司财务，或者公司理财。当更多的财务人员介入企业司库管理时，公司金融学作为一门学科从会计学的分支转变成了应用经济学的分支，其关注视角也从公司本身转移到以证券市场为中心。“公司金融”的概念破土而出。相信通过这一概念前后的变化，我们也可以看到财务人员转入企业司库时，其知识领域要求的深刻变化。

（二）财务人员应该更多地关注金融监管的法律法规变化

在政策法规上，财务人员更多关注的是会计准则、财务通则、财税政策等法律法规的变化。进入企业司库后，瞬息万变的金融市场则成为财务人员需要重点关注的焦点。其中包括货币市场、资本市场、支付结算系统的法律法规及其政策变化。其中，货币市场的法律法规包括人民币管理、外汇管理、利率汇率管理、银行卡等相关法律法规及其政策。资本市场的法律法规包括股票市场、债券市场、期货市场、资产证券化、信托、私募等相关的法律法规。支付结算系统的法律法规包括非现金支付工具监管、银行卡业务管理、支付系统监管、银行账户管理和非金融机构支付服务监管。

（三）财务人员应该通晓风险管理的内容及操作流程

企业司库不仅集中了资金，更重要的是集中了风险。风险管理的目的是帮助管理层识别企业在生产经营中存在的不确定性，分析不利事件可能造成的影响，并针对这些事件，权衡利弊得失，采取必要的应对措施。甚至包括一旦发生，应该采取必要的灾后恢复措施。企业司库建立后，其所承担的职能更多的是与外部的金融系统进行对接，而外部环境市场经常是复杂多变的，这就要求企业司库必须针对资金管理提升风险管控能力，应该加强对流动性风险、操作风险、股票价格风险、汇率风险、利率风险、大宗商品价格风险、信用风险、保险风险等风险实施专业化的管理。具体来看，可以采取的管理措施有：严格执行资金收支计划，留有充足的营运资金，确保支付，同时制订应急预案，避免支付系统风险；通过合理设置岗位、流程、权限等，利用信息化手段，对司库业务事前、事中、事后进行全过程监控，管控司库操作风险；建立客户信用评价制度，通过加强欠款客户准入管理，欠款发生过程监控，降低坏账损失风险；统一组织制定汇率风险管理政策，对所属企业规避汇率风险进行业务指导和过程监督；动态跟踪各种债务项下相关币种的利率走势，及时采取提前还款、再融资及利用利率风险对冲工具等方式合理规避利率风险。

财务人员过去所掌握的风险管理知识和技能更多的是内部的财务风险管理，其主要内容涉及筹资风险、投资风险、资金回收风险、收益分配风险等。即便是资金集中管理，内涵也十分有限，一般仅限于即期可以使用的现金和银行存款。对于资金的集中管理则更多地局限在提高资金的调控能力和节约财务费用上。司库概念则内涵更加丰富，从内容上包括了一定时期内可以转化为现金和银行存款的金融资源。司库集中的过程就是风险集中受控的过程。与司库管理更多地关注外部风险相比，财务人员需要更多地掌握全面风险管理的内容及操作程序，以实现对司库风险管理职能的履行。

（四）财务人员应逐步从管理决策导向走向战略支持导向

传统的财务人员更多地强调内部管理决策的有用性。其财务管理职能的发挥主要是集财务预测、财务计划、财务控制和财务分析于一身，以筹资管理、投资管理、营运资金管理和利润分配管理为主要内容的管理活动，并在企业管理中居于核心地位。我们可以把它归类为内部管理决策导向。企业司库管理是从更高的战略决策层面，为企业全面管控金融资源、优化金融资源配置、防范资金集中管理的风险提供支持。这时要求财务人员必须转变，从战略高度不仅关注内部，还要关注外部金融资源，并努力协调和有效配置资源，以更加全局乃至全球的视野管理企业和监控企业现金流，也就是说其职责更具有战略性。总之，就是要求财务人员更加注重战略支持导向，不仅着眼于现在，更要着眼于未来，不仅着眼于企业内部，更要注意外部金融资源的协调和有效配置。

第七章　智能时代战略财务创新实践

第一节　智能时代战略财务框架详解及智能增强

智能时代战略财务管理的各项工作内容都会受到新技术的影响，包括直接的技术影响，以及智能技术改变整个社会、经济形态后带来的间接影响。在这里，我们基于 CFO 基础能力框架进行详细讲解，并进一步谈一谈战略财务在智能时代会发生怎样的改变。

一、战略与业务

（一）框架详解

战略与业务框架详解，如表 7-1 所示。

表 7-1　战略与业务框架详解

项目	说明
战略解读	能够深度理解公司战略目标，并清晰、准确地解读公司管理层达成的战略共识，预判公司战略将对整个企业带来的影响
财务与战略配合	能够将财务管理与公司战略目标的达成路径相匹配，明确公司战略目标对财务资源的需求及对财务管理的要求，实现财务工作对战略的有效配合与支持
公司资源及计划的管理参与	深度参与到公司经营计划的制订与管理过程中，能够站在财务视角评价业务部门经营计划设置的合理性，使经营计划与财务能力更加匹配
财务资源配置管理	能够根据战略目标的达成路径与经营计划，有效地进行资源配置管理，对资源的投向和投入产出效率、效果进行管理
与业务单元的沟通	能够站在一定的战略高度上展开财务与业务部门的对话，通过充分的沟通建立业财的协同能力

（二）智能增强

智能时代的到来对企业的经营将产生重大影响，各行各业在这个过程中都或多或少会被智能化所改变。或许你所在的企业会成为智能服务的提供商，或者成为智能技术研发的参与者，也可能在当前的业务模式中引入智能化工具，创新商业模式，提升竞争力。无论如何，智能化对企业未来的经营将会产生重要的影响。部分公司会在战略层面进行调整，也有一些公司会进行战术层面的适配。

战略财务要能够敏锐地跟上企业战略和经营变化的步伐，主动对公司的战略或战术改变提供支持，而非被动响应。在这场智能化变革中，战略财务的积极参与能够让我们赢得主动，更好地体现财务对公司战略和经营决策支持的价值。被动响应将使财务无法与业务站在同一对话层次上，从而导致业务部门自行构建或弥补战略财务能力的不足。这一现象在信息化时代已经有大量的案例，但愿历史不会重演。

二、财会控制机制

（一）框架详解

财会控制机制框架详解，如表 7-2 所示。

表 7-2　财会控制机制框架详解

项目	说明
财务与会计制度管理	完善的财务与会计制度体系是企业财会控制机制的基础，企业需要建立多层次的、立体的科学制度体系框架，建立制度发布、修订、废止的完整管理循环和管理机制
内部控制	建立内部控制体系，基于内部控制框架展开相关管理工作，关注控制流程的完整性、控制措施的有效性等问题。从财务视角更多地关注财务组织、制度、流程、信息系统相关领域的内控体系建设
内部审计与稽核	以财务制度及合规要求为依据，采用多种手段获取审计与稽核线索，展开相关的线索调查，发现风险事件或案件，取证形成结论后，并给予相应的纪律处理

（二）智能增强

首先，智能化对财务的影响是全面的。因此，财务的管理模式、流程体系、系统支持方式都会发生一定的改变。作为财务管理的支持保障，财务制度体系也必然受到影响。在制度体系层面，应当结合智能化对财务系统、流程带来的影响进行必要的完善和调整。

其次，内部控制方式会因智能化发生改变。智能技术能够加强内部控制能力，可以在内部控制体系中引入更多的智能化工具，更重要的是因为智能化的到来，内部控制环境会发生重大改变，更多的财务管理工作将基于大数据、人工智能的模式，对这些看不见的流程或财务管理工作如何实施内部控制，将成为新的课题。

而对于内部审计与稽核来说，智能化的影响最直接。在智能时代，人工智能将取代大量的财务操作人力，依靠算法的机器处理将取代依靠人的行为的业务处理，审计的范畴将从传统的审计向算法审计和 IT 审计转变。而在审计和稽核的手段上，基于大数据的远程稽核将成为主流模式。同时，企业依靠大数据监控，能够更早地发现风险线索，由传统审计与事后追责向事前预防转变。

三、价值管理

（一）框架详解

价值管理框架详解，如表 7-3 所示。

表 7-3　价值管理框架详解

项目	说明
产权管理	能够从产权建立、变动、退出的各个环节对产权进行全过程管理，建立清晰的产权地图，通过对产权的优化来实现对财务报告、风险管理、融资能力等各方面的优化
营运资本管理	能够对企业经营过程中的流动资产与流动负债进行管理，从而合理地确定营运资金量，在满足经营需求的情况下，合理地节约营运资金，提高资金周转率，保障短期偿债能力
现金流量管理	能够以现金流量作为管理的重心，兼顾收益，围绕企业经营活动、投资活动和筹资活动构建现金管理体系，对当前或未来一定时期内的现金流动，在数量和时间安排方面进行预测与计划、执行与控制、信息传递与报告以及分析与评价

续表

项目	说明
经济附加值管理	能够在清晰计量债务成本和股本成本的基础上计算经济附加值，公司每年创造的经济增加值等于税后净营业利润与全部资本成本之间的差额。在企业绩效评价中引入经济附加值，更加客观地反映企业的价值创造能力。能够驱动管理者关注利润创造过程中的资本投入成本，提升资本使用效率
新业务价值管理	对于特定行业，如寿险行业会高度关注新业务价值，在考核中引入新业务价值管理，能够更好地反映寿险业务的长期性特征，更好地避免管理层短期行为和代理问题，更好地驱动长期资源配置和战略决策方向
并购价值管理	能够帮助企业在并购过程中清晰地评估并购企业价值，进行财务和税务尽职调查，通过优化资本资产结构、合理设计股利分配方案等方法，帮助企业实现并购后整体价值的提升，优化被并购企业进行财务管理的能力，提升并购价值

（二）智能增强

对于价值管理来说，大数据是智能增强的技术核心。在大数据之上辅以机器学习，能够挖掘出更多的智能增强场景。

对于产权管理来说，基于规则的初级人工智能以及大数据技术能够辅助进行产权风险管理，帮助我们在风险出现的早期更加及时地识别和防范风险。

对于营运资金管理和现金流量管理来说，大数据可以帮助我们发现更多的管理线索，且大数据结合机器学习，能够为企业经营提供更强大的预测能力。经营预测更可靠，将在营运资本和现金流量预测方面带来价值。

在并购价值管理中，借助大数据的相关性分析，能够发现更多可能提升并购价值的举措。这些管理线索有可能在最终的并购价值创造中发挥重要作用。

四、经营分析与绩效管理

（一）框架详解

经营分析与绩效管理框架详解，如表 7-4 所示。

表 7-4　经营分析与绩效管理框架详解

项目	说明
KPI 体系搭建	能够根据企业的经营目标，结合业务特点，设置有清晰导向作用的 KPI（关键绩效指标）体系。KPI 体系应当构建由根指标、衍生指标组成的指标树，并定义指标口径，明确指标的维度和计算方法，明确指标的目标值设定逻辑。指标体系应当有可靠的日常管理和维护机制
经营分析报告	能够提供有决策支持价值的经营分析报告，形成经营分析报告的层次化体系、报告的日常管理和归档体制，针对报告中的问题能够有效地展开深入的专题分析，形成既有广度也有深度的经营分析能力
绩效考核制度搭建及奖惩执行	构建绩效考核制度，将 KPI 和经营分析报告的运用与绩效考核形成有机整体。绩效考核体系能够与业务目标的达成紧密结合，并能够切实地影响业务部门的经营行为，使其成为企业战略落地的重要驱动工具。绩效考核应与管理者的晋升、奖金等形成紧密的联系
投入产出管理	能够对企业经营过程中的各类日常或项目化投入建立起投入产出的评价机制。将投入产出率作为资源投入的重要财务评价指标，建立清晰的投入产出模型，并予以执行运用
市场对标管理	能够对企业的核心经营情况展开市场对标，进行与市场同口径平均水平的对比评价，定义和识别关键竞争对手，并与竞争对手就关键经营指标进行对标。对标结果可用于 KPI 的目标值设定
重大关键项目管理	能够对重大财务投资项目进行全生命周期的专项管理，对项目的四算（概算、预算、核算、决算）以及项目的投产、关键阶段的 KPI 等进行全面的财务评价和财务管理

（二）智能增强

智能化技术将对经营分析的视角和工具方法带来影响。从分析视角来说，传统经营分析所受到的数据的局限性将被打破。在大数据的基础上，能够从因果分析向相关性分析增强。由于数据的边界从企业内部延展到社会化数据，对于 KPI、经营分析报告、市场对标等职能都可能获得更加可靠的数据基础，从而对经营分析结果的可用性带来更大的帮助。

而在工具方法方面，大数据和云计算的结合应用将使得经营分析获得更加灵活和丰富的分析能力。二者的结合，能够为经营分析提供更加强大的数据采集、数据捕获和数据处理能力，使得经营分析的边界得到大大的延展。同时，大数据的非结构化数据的处理能力，也能够帮助企业经营分析更好地面对市场上与企业相关的热点信息的处理，将新闻、微信、微博等社会化媒体的信息纳入经营分析的视野。

此外，人工智能技术的发展，也将使得经营分析方法从经验分析向算法分析演变。这使得更为复杂的分析能够得以实现。同时，基于机器学习、算法的自我优化，能够使得经营分析能力实现持续的提升。

五、全面预算管理

（一）框架详解

全面预算管理框架详解，如表 7-5 所示。

表 7-5　全面预算管理框架详解

项目	说明
经营计划管理	能够驱动业务部门在预算编制之前先进行经营计划编制，对经营计划进行审视和评价，并推动业务部门进行经营计划优化和完善
预算编制管理	在经营计划管理的基础上，连同财务与业务部门共同进行预算编制，能够根据企业的实际情况选择不同的预算编制方法和预算编制周期，支持多维度的预算编制，提供系统化的支持和灵活、高效的预算调整
预算预测	能够对未来的经营情况进行预测模拟，基于拟配置的预算资源，对未来的资产负债、损益情况进行预测，并能够基于不同的资源配置进行敏感性分析。能够支持对管理口径和法人口径的预算预测
预算执行与控制管理	能够对预算的执行情况进行有效的过程管理，针对不同的预算维度实施执行控制，将预算执行结果及时地反映给预算账户管理人，并能够进行及时的预算过程执行分析。针对特定类型的预算，如项目预算等，能够提供更为复杂的执行和控制管理，如预算动支、兑现等

续表

项目	说明
预算分析	能够进行多层次的预算分析，预算分析能够覆盖多维度、多时间周期。能够针对不同周期，提供事后分析和实时分析的支持，形成预算分析报告，并对预算分析异常事项展开专项分析
预算组织管理	能够建立健全预算管理组织，预算组织应该涵盖管理层与执行层、财务与业务，预算组织应当根据需要灵活地构建实体组织与虚拟组织。能够有完善的预算组织机制，涵盖职责、管控关系、架构和岗位、运作机制等
预算流程管理	能够建立完善的预算管理流程，在预算管理生命周期的不同阶段针对各项预算的相关工作建立标准业务流程，推动流程有效执行，并实施监控
预算系统管理	能够建立有效支持预算编制、预算执行控制、预算分析等预算管理工作的信息系统，实现预算编制所需要的参考数据的系统对接，实现预算执行数据的有效对接。能够建立完善、有效的预算系统管理和维护机制

（二）智能增强

首先，在经营计划、预算编制过程中，智能化技术能够发挥重要的作用。由于经营计划和预算编制是资源配置的过程，因此，资源配置的方向、权重是否合理是预算编制结果能否发挥价值的重要评价标准。大数据分析能够帮助验证业务部门在资源投向上所讲故事的真实性，能够展开更为清晰的资源投向和业绩达成的相关性分析，从而使得财务有能力对资源配置投向进行评价。

其次，在预算预测的过程中，能够基于大数据、机器学习等方法构建更为复杂和完善的预测模型，展开大量复杂场景下的敏感性分析。这使得预算预测的可靠性和对未来复杂不确定性的预判能力都能够得到更大的提升。而现在，让人更加期待的模拟技术正在出现，引入人工智能的虚拟商业生态系统能够让未来的预测建立在与真实社会相仿的现实模拟环境中。比如在拟真的环境中投放广告，设置不同的预算投入，模拟用户的真实反应，评价预算的投入效果等都可以在未来的某天成为现实。

在初级人工智能阶段，预算的执行与控制能够基于所植入的更加复杂的规则来进行。在机器学习下，预算的执行与控制模型或算法能够基于所设定的控制目标，由人工智能来进行持续的完善。而在传统模式下，由于人力所限，无论是对控制规则的设计还是对控制过程的管理都被约束在一定的范围内。基于机器学习的预算执行与控制将能够提供更丰富的控制逻辑，在不同的场景下选择差异化且更合适的控制机制，实现预算的柔性管控。

第二节 元数据和大数据：不一样的经营分析

谈到经营分析，大家的脑海中会立刻闪现出一群把 Excel 用到极致的数据达人，再复杂一点的，各种炫酷的仪表盘展现在我们的眼前。传统的经营分析是建立在有约束的技术条件之下的，对财务人员的经营分析技术有着较高的要求，而即使信息系统能够提供支撑，在传统的财务信息化环境中，经营分析结果对业务的决策支持能力也始终存在局限性。

在大数据技术兴起后，给人们直观上的感觉是经营分析应该能够有更加复杂和丰富的应用，但大数据技术具体是如何与经营分析这一传统的财务管理业务领域发生化学反应的，这个问题一直困扰着我们。与此同时，也很少有人去探究经营分析中我们所依赖的指标、数据的本质形态。

一、经营分析的概念框架

在具体展开元数据和大数据的话题之前，我们有必要来看一看当前大型企业是怎样搭建经营分析体系和框架的。用一个房子来描述经营分析的框架，可以包括地基、砖瓦、装修和物业管理，分别对应于经营分析的数据基础、指标体系、报表展示以及维护机制。

（一）数据基础——房子的地基要扎实

盖房子首先要打地基。对于传统经营分析或者财务分析来说，地基是数据，经营分析人员通过各种渠道获取各种各样的数据来展开分析。如果企业中已经建立了数据仓库和数据集市，那么恭喜这些经营分析的幸运儿，在这样的地基上盖房子还是比较靠谱的。而如果数据分散在大量独立的系统中，甚至是各层级、各类人员的 Excel 表中，那么就要小心了，你可能在用沙子打地基，盖起来的房子就可想而知了。

在经营分析体系中，要构建一个好的数据地基需要企业对数据仓库、数据集市有清晰的规划和设计，对数据的定义、标准、来源和采集有清晰的业务逻辑。当然，数据仓库和数据集市都是数据的载体，要想避免数据垃圾的产生，系统本身的数据质量需要有所保障。而这种数据质量的保障能力来自前端业务流程和信息系统的有效搭建与管理。

站在财务的角度，还必须提到三套数据，它们是经营分析的重要数据基础。一套来自事前，我们称为“预算”；一套来自发生后的记载，我们称为“核算”；还有一套来自事后的深加工，我们称为“管理会计”。将这三套数据与经营分析进行有效对接，对于提升经营分析质量有很大的帮助。

（二）指标体系——房子的砖瓦要规矩

有了地基要盖房子，靠的是一砖一瓦。在经营分析框架中，指标体系就是房子的砖和瓦。那么什么是指标呢？指标是一种衡量目标的单位或方法。当我们进行经营分析的时候，会围绕企业经营目标来设定一些衡量标准，通过这些衡量标准能够评价经营结果是否达到了所设定的目标，从而帮助我们进一步提升企业经营管理能力，这就是经营指标。

对于经营指标来说，美国的关键绩效指标权威专家戴维·帕门特（David Parmenter）将它进一步划分为“成果指标”和“绩效指标”。引入“成果指标”的概念，是因为许多评价指标是几个团队输入成果的总和。这些指标在衡量各个团队共同的工作效果时很有用，但不能帮助管理层准确地定位和解决问题，管理层很难准确地查明哪个团队出了成绩，哪个团队未履行职责。而绩效指标能够解决这个问题，并能更加精准地定位问题。例如，一个没有进行多维度切分的利润指标在其看来就是典型的成果指标，并没有反映为利润做出贡献的各个团队的绩效情况。

而在实践中，我们似乎很少进行这样的区分，往往笼统地使用关键绩效指标来进行指标体系的搭建。对于一个指标体系来说，可以引入“基础指标”和“衍生指标”的概念。基础指标是难以拆分和细分的指标，而衍生指标则是基础指标的运算组合。使用这样的概念，通过优先搭建和系统化基础指标体系，再扩展衍生指标体系，能够帮助我们快速地搭建一个复杂的指标体系。

此外，对于指标，通常会使用“指标树”的形态来进行展示。这也是构建指标之间逻辑的一种方式。我们还需要了解指标“名称”“维度”“值”的含义，这些在后面元数据的概念中再进一步解释。

（三）报表展示——房子的装修要舒适

当构建好经营分析的指标体系之后，就可以搭建房子的主体了，而要使这些指标对经营发生作用，仅仅盖个毛坯房是不够的，还需要进行精装修。这个装修的过程，我们可以理解为报表构建和展示的过程。好的装修要让业主住得舒服，好的报表展示，要让管理者能够清晰、快速地抓住重点，发现问题和解决问题。

实际上，报表就是将各种指标的不同层级维度交叉组合起来进行应用的产物。因此，在搭建报表体系的时候，我们要先搞清楚业主，也就是经营管理者到底需要看到什么，在明确需求后，选取能够说明问题的指标，并匹配和管理对象相关的维度信息后进行组合展示。此外，在报表的指标组合中，我们还需要经常用到使用说明来解释指标，通过这样的方式搭建报表是靠谱的。而笔者也见过不少不靠谱的经营分析报表，搭建的时候完全没有指标和维度的概念，也没有关注管理者的需求，这样做出来的报表如果有充分的经验支持，可能还具有一定的价值；否则，往往带来的是信息垃圾。

而有了报表后，经营分析报告也就容易出具了。但必须注意的是，简单罗列报表的报告是初级水平的报告；能够看透数字的表象，深入数字背后分析深层次的问题，才是有附加价值的报告。

（四）维护机制——房子的物业要靠谱

当我们把整个房子都收拾好了后，还需要有一个靠谱的物业。经营分析这个房子的管理和维护并不是那么简单、容易的，无论是数据、指标的维护，还是报告的过程和归档管理，都需要有一套相对可靠的机制。

在通常情况下，企业会有经营分析部门，这个部门既有点战略的味道，又有些财务的意思。因此，在不同公司，这个部门的归属也并不相同，甚至还有不少发生过变迁。而在经营分析部门中，要建立起这样一套维护机制，首先需要有数据维护和管理团队来解决地基的问题，其次需要有指标管理团队来进行指标的日常增删改的维护，还需要有报表团队来进行常规报表和临时报表的编制及发布，而最后还需要有绩效管理团队来深入展开经营分析，并进行绩效的考核管理。在整个过程中，无论是组织、人员、流程、制度还是系统都是不可或缺的。而这些共同构成了这套体系的维护机制。

当具备了以上这些条件后，经营分析框架就能够构建起来了。实际上，今天很多从事分析工作的朋友尚未在认知上构建起这一套框架体系，这对于提升经营分析和决策支持能力会带来局限和束缚。而下面我们还要在这套可以称为既传统又主流的经营分析框架的基础上，进一步深挖经营分析的本质和未来，即元数据和大数据。

二、元数据——经营分析的本质

说到元数据，可能很多财务朋友并不清楚这个概念。其实，在生活中到处都充斥着元数据，如果明白这个概念，在解释很多问题的时候，将会有不一样的思考方式，可以使用元数据的概念来进行经营分析本质的剖析，这对于我们深入思考经营分析，并进一步借助信息化、智能化技术展开经营分析都有着不小的益处。

（一）元数据

从定义上说，元数据可以理解为“数据的数据”。这听起来有点烧脑，让我们举个例子来说明一下。

当我们拿到一张照片的时候，把这张照片当作一个数据，如果没有一套方法，将很难清晰地描述这张照片。但如果打开这张照片的EXIF记录信息，就能够看到很多信息，比如拍照的时间、相机型号、光圈、快门、ISO等。这些信息都是从某些特定的角度来解释这张照片的，我们可以把它们称为照片这个数据的元数据。而实际上，对照片的描述除EXIF信息外，还可以从照片的内容展开，比如这是一张人像照片、开心的照片等。同样，这也是照片这个数据的元数据。

实际上，应用元数据的场景非常多，比如图书馆的藏书信息卡、在线视频应用里的视频描述、网络中的网页地址等都可以用元数据来表达。

（二）元数据有哪些特点

首先，元数据是结构化的。如何理解呢？其实在大数据时代，人们都非常热衷于谈论非结构化数据，但忽视了这些非结构化数据在技术层面是怎样被应用起来的。如我们容易理解的，一张图片是非结构化数据，但这张图片是可以被元数据这种结构化数据所描述的，这就给我们借助元数据来理解和应用非结构化数据提供了可能。

其次，元数据是与对象相关的数据，如以一张照片作为对象，那么描述这张照片的元数据与该照片具有相关性。但需要注意，潜在的用户不必先完整地认识对象的存在和特征，也就是说，可以使用盲人摸象的方式，借助元数据慢慢地去了解对象。就像这张照片，我们可能第一次获得的元数据是EXIF信息，即从摄影的角度获取这张照片的信息，进一步我们可以了解与这张照片内容相关的其他元数据，从另一个角度获取照片信息。

再次，元数据不仅能够对信息对象进行描述，还能够描述资源的使用环境、管理、加工、保存和使用等方面的信息。同样还是以照片为例，元数据可以告诉我们这是一张网络图片，存储在什么样的服务器上等信息。

最后，元数据常规定义中的“数据”是表示事务性质的符号，是进行各种统计、计算、科学研究、技术设计所依据的数值，或者说是数字化、公式化、代码化、图表化的信息。当然，我们也可以将文字理解为某种形式的编码数字。

（二）经营分析和元数据

终于到了核心话题，经营分析和元数据有怎样的关系呢？实际上，经营分析在多个层次上和元数据都会产生关联。

首先，我们可以看到，构成经营分析的地基是数据，而元数据作为数据的数据，能够用结构化的方法帮助我们描述和标准化基础数据。构建数据仓库过程中的数据字典，从某种意义上讲就是元数据。清晰的数据字典，能够让我们更加有效地管理数据仓库。而从经营分析管理需求的角度来说，我们希望所有进入经营分析体系的数据都能够使用元数据进行充分的结构化描述。

其次，在砖瓦的层次指标体系上，元数据也发挥着重要的作用。如我们前面所谈到的，指标的结果最终会反映在数值上，而针对这个数值，我们用指标名称、编码、指标的维度、维度值等对这个数值（数据）进行了描述，而这种描述就是元数据。因此，我们认识到，指标体系是在经营分析层次中架构在基础数据之上的第二类重要的元数据。

最后，我们再回到经营分析的中心点——经营活动上。我们为什么要做经营分析呢？实际上是要对经营活动展开多种视角的评价，评价的标准是经营活动是否达到了我们在开展经营活动之初所设定的目标。而 KPI 正是我们多视角评价经营活动的结构化描述，也可以理解为经营活动评价的元数据。

到这里，不知道你是否意识到，经营分析本质上是由一层一层的元数据所构成的元数据世界。那么，这对我们有什么样的价值呢？

始终可以将经营活动分解到最底层的元数据；管理好元数据，就能管理好整个经营分析体系；管理好元数据，可以用统一的逻辑思维、技术方式（如元数据可以帮助业务用户更好地理解数据仓库，元数据独立于技术平台，无论使用什么技术平台，元数据都不改变，从而支持需求变化和数据可移植性等）。

三、大数据与经营分析

讲完了元数据，相信大家都能够感受到使用元数据的概念去解释经营分析与在传统模式下看待经营分析的差异。下面我们再进一步引入大数据的思维方式来看一看。

在传统的经营分析模式下，我们需要找到用于评价经营活动的元数据，也就是指标体系与经营结果之间的关系。通常，如果我们看到指标与经营结果具有显著的因果关系，那么就会把这样的指标考虑纳入关键绩效指标（KPI）中来进行管理。但问题在于，这些指标的定义和发现往往是基于经营分析以及因果分析所得到的，这种逻辑上的强绑定关系具有一定的局限性。

实际上，影响经营分析结果的不仅仅是存在显著的可见因果关系的因素，还存在相关但无法解释显著因果关系的因素，这在传统模式下是难以解决的。

大数据的出现，让我们有可能打破思维能力的约束。基于大数据技术，我们能够从因果关系突破到相关关系。通过大数据分析，我们能够发现一些没有显著因果关系的因素同样对经营活动产生了显著影响，这些因素称为“相关性因素”。将这些因素定义为关键绩效指标，能够帮助我们实现提升经营活动成果的目的。

指标用于评价经营活动，同时，也有非因果关系的因素在影响这些指标，这又构成了第二层次的相关关系。我们发现原先所搭建的经营分析的元数据世界发生了延展，各个层级的元数据都有一些非因果关系，而相关的新元数据的出现，使得我们能够更加真实地架构经营分析框架，并有效指导经营结果的改善。

当然，在技术层面上，财务人无须思考元数据和大数据该如何结合的问题，这样的烧脑问题还是交给工程师来解决吧。

第三节　智能时代的预算管理新思路

在战略财务的框架下，全面预算管理一直是不容忽视的范畴，但其在企业经营管理中所发挥的作用却饱受争议。

如杰克·韦尔奇（Jack Welch）在《赢》中所表达的：在许多公司里，制定预算的程序是经营中最缺乏效率的环节，它吞噬了人们的精力、时间、乐趣和组织的梦想，遮蔽了机遇，阻碍了增长。也因此，杰克·韦尔奇进一步提出了超越预算的概念，关注如何战胜竞争对手，如何超越过去的业绩。而稻盛和夫（Kazuo Inamori）也在《经营与会计》一书中谈到对预算的看法，他认为：本是为了实现计划中的销售额的增加，才花费用的，销售额需要随费用的增加而增加，结果却做不到，只有费用在增加。

无论是杰克·韦尔奇还是稻盛和夫，他们对预算不足之处的看法都直指本质，即预算在资源配置上的可靠性、预算和经营结果达成的相关性两个问题。在这里，我们也将重点就这两个问题来谈一谈，如何利用大数据技术改善预算工作。

一、预算管理就是资源配置

我们如何看待预算呢？预算实际上是一种对企业资源的配置方式。当股东设定了经营目标后，业务单位要达成这些经营目标就需要匹配相应的资源。如果从契约的角度来看，把预算作为一种契约，那么一方是企业的股东，另一方是企业的经营者。资源本质上属于股东，业务单位作为经营者向股东承诺经营目标，而股东向经营单位承诺支持其实现经营目标所需要的资源。当然，当经营目标达成后，还有相应的绩效激励，这又是另一层次的契约关系。

因此，在企业进行预算管理的过程中，预算编制的核心是提出股东和经营单位都能够接受的资源配置方案，也就是在经营目标承诺和资源承诺上找到平衡。

那么预算要考虑哪些资源分配的问题呢？企业经营无外乎“人、财、物”三件事情，资源配置也可以理解为人力配置、财务配置和资产配置。

企业中的经营管理也是一样的，合理地配置人力、财务以及资产资源，是企业战略目标得以实现的重要保障。

二、资源配置的难题

想做好资源配置，并不是说说那么简单，那么在进行预算，也就是进行资源配置的过程中会遇到怎样的问题呢？

（一）契约双方的信任问题

和所有的契约关系相似，资源配置同样要解决资源所有者和资源使用者之间的信任问题。资源所有者追求的是资源投入产出结果的最大化。因此，在投入资源时会高度关注产出的结果，并要求获得资源接收方的绩效承诺。同样，对于资源使用者来说，也需要在承诺绩效目标后获得必要且及时到位的资源支持，避免在资源不足的情况下进行经营，而最后为不良绩效结果担责。当然，对于资源所有者来说，最常见的还是担心经营单位存在道德风险，比如经营者是否会通过虚构经营目标或过度承诺，以获取资源满足其短期利益目标等。

（二）资源配置的标准问题

那么应该采用怎样的标准来进行资源配置呢？在实际的预算过程中，资源配置标准的形成并不容易，太多的因素会挑战所设定的标准。而一旦无法形成相对清晰的标准，资源配置的过程往往就会成为一个谈判的过程，很容易陷入缺少逻辑的拉锯战中。

（三）资源配置的效率问题

资源配置的效率一直是企业预算管理活动中很头疼的一件事情。在预算的全过程中存在太多的博弈。很多公司从九十月开始启动预算编制工作，直到来年的三四月才能完成预算的定稿。而在月度的资源配置活动中，如果缺乏高效的系统支持，很多公司根本难以做到精细化的月度资源配置管理。在这种情况下，月度预算往往成为年度预算下简单的“按月分解”。

（四）资源配置的效果检验问题

当完成资源配置后，就会从讨价还价的博弈循环进入承诺兑现的博弈循环。在这个过程中，对于管理者来说，最困难的是如何验证资源投放的效果和达成情况。尽管我们说最终的经营绩效指标能够反映出经营单位的绩效达成情况，但在过程中，基于任务、项目等设立的资源配置标准往往很难立刻通过财务或数字验证其实现的效果，而此时又经常需要启动基于此次项目任务进一步延展的后续资源投入，这对管理者来说需要面对是否去进行“前款未清，后款又借”的管理决策。

三、大数据资源配置：抓热点，抓相关性

当我们认识到资源配置的难点后，就一直在试图寻找解决这些问题的方法，而预算管理的理论、方法和工具在这一过程中得到丰富和完善。

在契约双方的信任关系方面，一些公司试图通过签订绩效承诺书来保障契约关系；在资源配置标准方面，一些公司通过设定模型的方法来总结提炼预算标准；在资源配置效率方面，一些公司通过建立预算编制系统来优化编制流程；而在效果检验方面，一些公司选择刚性的“以收定支”。但我们也不得不认识到，在传统方式下对资源配置管理的优化终将达到瓶颈，要实现突破，需要找到新的契机。而大数据恰恰在这一方面带来了新的机会。

（一）热点驱动资源投放

所谓的热点驱动就是在保持经营目标相关性的前提下，哪里吸引眼球，哪里有热度，哪里需要资源，我们就将资源投放在哪里。但在传统财务模式下要做到这一点是非常困难的，如果仅仅凭借我们对市场的经验感知，那么是很难在经营活动中进行管理决策的，而大数据技术为解决这一问题提供了新的可能，我们不妨通过这套逻辑试着来做预算编制。

1. 制定经营战略

首先，和传统的预算编制模式一致，在编制预算之前，必须明确企业的战略导向，这从根本上决定了要不要投放资源、在哪里投放资源和怎么投放资源。当然，在这个层面上，战略很可能是相对宏观的，它更多的是未来一段时间内大的经营方向和经营策略，我们无法直接基于公司的战略来展开更为清晰的预算，也就是资源配置工作。

2. 分析战略热点

如果要想更好地衔接战略与资源配置，就必须更清晰和细化地拆解战略，也就是形成战略热点。当然，这里所说的热点和后面要谈到的基于大数据分析的热点是有所不同的，还需要依靠企业的管理经营者对企业所设定的战略目标进行细分，从管理逻辑层面定位战略在落地时需要重点关注的目标。例如，企业将智能化发展作为核心战略时，需要在技术、产品、客户、渠道等多个方面来发现其战略热点，如在产品方面定位为无人驾驶技术，在客户方面定位为女性出行者，在渠道方面定位为自营门店等，这些热点将为后续的资源配置起到一个大方向的支撑作用。

3. 基于大数据发现经营热点

在有了战略热点后，我们仍无法有效地从管理角度进行资源配置。实际上，经营单元在战略热点明确后，就已经对需要做什么、大概需要多少资源有了一个初步的概念。很多时候，经营者就会基于这样的一个概念开始和管理层讲故事了。在传统模式下，我们通常对这样的故事只能选择“信”或“不信”，当然，如果故事中间的逻辑线索相对清晰，可能更容易获得管理者的信任，并获得资源。而如果在这个时候引入大数据分析，则可能会对传统的资源配置模式有所改变。战略热点是大数据分析的基点，从这个基点出发，我们可以构建两个热点分析模型。

在被动模型下，需要经营单元基于战略热点进行经营热点的主动设计，模型要做的事情是基于企业内外部大数据，对经营热点与战略热点的关联热度进行分析。在主动模型下，以战略热点为出发点，基于内外部大数据，发现与战略热点分层次的关联市场热点，将关联度高的市场热点纳入经营热点中，也同样作为资源配置的对象。

4. 基于经营热点进行资源投放

通过这样主动与被动的热点分析，我们能够建立以战略热点为圆心的经营热点辐射地图，并以这个地图的辐射半径为标尺展开资源配置，接近圆心的经营热点需要投放更多的资源。在具体确定资源投放额时，我们可以以战略热点构建资源池，将资源首先投放到战略热点资源池中。以经营热点为项目，向战略资源池申请资源。在资源申请的审批过程中，我们可以引入热度评估，优先将资源投放到高热度的项目中，从而避免发生先到先得、互抢资源的情况。

5. 资源的兑现使用

所谓资源兑现，就是契约双方基于预算事项实际发生的费用。在实践中有两种兑现方式，一种是把钱先花出去，目标是否达成后续验证；另一种是用之前的存量资源先把事情做了，根据目标的达成情况再批准可以获得多少可用资源做后面的事情。实际上，这两种方式都存在一定的问题。前者建立在管理者对执行者信任的基础上，而一旦承诺的经营目标没有达成，就会损害管理者的利益；后者的根本逻辑是管理者并不信任执行者，要求其先拿自己的资源做事情，事情做成了，再回来报账，这种方式对于执行者来说也并不公平。而当我们引入经营热点作为资源投放依据后，信任问题得到了一定的缓解，使用第一种方式进行资源兑现就会更可行且合理。

（二）资源投向和业绩达成的相关性分析

大数据除了在预算编制阶段能够发挥重要作用，在预算分析阶段也能够有所建树。在传统预算分析下，我们很难去评价每个类似于项目经营计划、经营方案和经营结果之间的达成关系。在通常情况下，对于一个经营单元，如果它的业绩不错，超出了预先设定的考核目标，大家就会觉得它花的所有钱都是值得的；反之，如果考核目标没有达成，那么它花的所有钱可能都会受到质疑。

但实际情况是，所用掉的资源有些对经营目标起到了正贡献，有些则发生了副作用。而无论最后考核结果如何，这种正负作用都是存在的，只是说谁的力量更大一些罢了。

当引入大数据来辅助预算分析后，情况可能有所改观。通过构建模型，我们可以试图建立每一个能够项目化的资源投入与经营结果之间的量化关联度指数。要做到这一点，并不是简单地做一个数学模型，而是需要将所有项目进行元数据化，同时把经营结果也元数据化，并建立起项目元数据与经营结果元数据之间的关系网络。我们需要监控这个关系网络中每一个项目发生资源投入时，通过元数据关系网络链接的经营结果发生变化的强度，并最终将这些变化强度归纳为关联度指数。

有了这样一套关联度指数，我们就能够精确评价资源投放的效果了。在这种情况下，我们能够更好地积累经验，更加有效地评价绩效，并优化未来的资源投放策略。

第八章　智能时代专业财务创新实践

第一节　智能时代专业财务框架详解及智能增强

之前我们就 CFO 能力框架中的战略财务进行了专题介绍，这里是 CFO 基础能力框架所展开的第二个部分——专业财务框架。专业财务的发展可以说是财务框架几个模块中最成熟的部分，是企业财务管理的基础。也就是说，没有战略财务、业务财务和共享服务都是可以的，但如果没有专业财务将会导致整个财务体系无法运转。当然，成熟的背后也意味着更大的提升空间。下面我们遵循和战略财务框架同样的逻辑，先对框架内容展开详细的解释，然后再对每个模块如何进行智能增强进行探讨和说明。

一、会计与报告管理

（一）框架详解

会计与报告管理框架详解，如表 8-1 所示。

表 8-1　会计与报告管理框架详解

项目	说明
会计交易处理及相关流程	这是会计的基本职能，能够基于准则要求完成会计交易的核算处理，也就是通常所说的会计核算。对于会计与报告模块来说，更多的是要对会计交易处理设置相关的制度规范，而更为广义和具体的交易处理流程则可以由财务共享服务中心来协同完成
往来管理、关联交易管理	能够对企业内部往来以及企业关联交易实施有效的管理。实现往来交易在具体流程中及时、可靠的双向记录，同时及时进行往来清理，发现风险并及时处理和解决；关联交易则需在法人层面建立双边有效的交易记录机制和核对机制。同时，在复杂的集团中，还需要进行关联交易单位的信息管理，辅助业务单位识别交易对手是否为关联交易对象

续表

项目	说明
会计报告与合并	能够有效地编制和报送各级核算单位的会计报表，高效完成合并报表处理，基于单体会计报表及合并报表出具会计报告。建立有序的会计报告与合并的过程管理，持续提升合并及报告效率
会计核算相关系统	能够建立可靠且高性能的会计核算信息系统以支持交易记录、报表编制及会计合并等会计工作。应关注原始交易信息与业务交易记录、明细会计交易记录、汇总会计交易记录记载的一致性。对于关联交易复杂的企业集团，可以考虑构建关联交易系统
信息披露	信息披露主要是指公众公司以招股说明书、上市公告书、定期报告和临时报告等形式，把公司及与公司相关的信息向投资者和社会公众公开披露的行为。信息披露需关注披露质量、披露时效等问题。在通常情况下，信息披露由董事会办公室负责，但财务在其中也起着重要的支持和协同作用
审计流程及管理	能够规范地选择审计师，与审计师共同建立高效的审计流程，协同公司各级财务部门、财务共享服务中心参与审计配合工作，持续提升审计效率，优化审计周期

（二）智能增强

会计与报告在传统的会计电算化、财务信息化过程中一直是重要的建设领域。在早期，财务的各项信息化工作也都是从这个领域开展的。但是由于多数企业在一开始就建立了核算系统，且成为后续建设的各类财务系统的对接对象，会计核算系统往往在建成后很长时间难以发生质变，这不仅是个体企业的情况，也是整个行业的情况。

智能时代的到来，对各类财务信息系统都提出了改变的要求。同样，对会计与报告管理领域也有影响，给这个传统领域的信息化提升带来了契机。

首先，业财系统的高度集成将对会计交易处理的自动化和一致性带来重要的帮助。但是不同的业务系统分别进行会计规则的转换将带来较大的管理复杂性。统一会计引擎的出现，能够帮助我们将会计规则的转换架构在一套灵活、可配置的系统组件之上。不同业务系统的输入将可以基于统一平台，完成规则转换和凭证制证，进一步提升会计交易处理的可靠性。

其次，基于机器学习技术，能够考虑实现智能报告。将会计报告交给人工智能来处理并非不可能，现在的人工智能写出的市场研究报告，已经让人难以区分背后是资深研究员还是机器。基于相对结构化的报告范式，再加上人工智能基于市场反应的润色学习，智能报告或许对股价的提升会越来越有帮助。

而区块链技术，基于分布式账簿所带来的高可靠性，能够帮助我们解决传统业财对接模式下的业务交易记录与会计记录不一致的问题。同时，对于内部往来和关联交易，区块链技术同样能够发挥作用。基于各交易方所构建的分布式账簿，能够将交易同时在交易各方实现记载，降低其被篡改的可能性，这对解决内部往来和关联交易的核对、加强一致性有着重要作用。

二、税务管理

（一）框架详解

税务管理框架详解，如表 8-2 所示。

表 8-2　税务管理框架详解

项目	说明
税务政策研究	能够及时地跟进税务政策的动态，清晰准确地解读政策，并根据税务政策的变化及时在企业内部做出相应的政策反应。针对潜在的税务政策风险，能够及早进行监管沟通和防范处理
税务关系管理	能够与税务监管部门建立有效的沟通和对话机制，在合法、合规的基础之上，与税务部门维持良好的关系，并在企业发生重大涉税事项后，能够获得相对公平的沟通和协商机会
税务检查配合与风险防范	能够在合理尺度下有效配合税务部门的各项检查，及时汇总各级机构的检查动态，做好检查前准备工作，积极进行自我税务风险排查，实现税务风险的事先管理
税务数据管理	能够有效管理企业中的各类系统化及非系统化的税务数据，建立清晰的数据管理体系，并充分利用税务数据展开各种税务分析。对税务数据的有效利用能够帮助企业优化税务成本，提前发现和管控税务风险

续表

项目	说明
税务系统管理	能够实现税种系统覆盖的全面，如增值税、所得税、印花税等；功能的全面，应涵盖所得税纳税调整、税务报表编制、预交申报、折旧摊销、资产损失处理、境外所得税抵免管理等功能；管理的全面，如能够支持税负分析、税务风险管理、税费预测、税务检查支持、税务政策管理等需求；接口的全面，如能够打通企业内部系统之间的接口，实现和监管系统的对接；行业的全面，能够适配不同行业的特殊的管理需求
营改增及电子发票 / 特定时期的特殊事项	针对特定时期所发生的税务管理的特殊事项，能够及时、有效地应对，如曾经的营改增和正在进行的电子发票等对税务管理都会带来重大影响，企业需要能够提前设计方案并安排系统配套支持等各项工作

（二）智能增强

对于税务管理的智能化支持来说，监管单位——税务部门更早地采取了行动，“金税三期”“千户计划”的背后都是大数据的影子。对于税务部门来说，其数据具有先天的不对称优势，使得其有条件先于企业展开税务的大数据应用。而基于企业间的数据分析，也使得税务稽查能力得到大幅提升。而在大数据应用上，税务部门也在试图从其可控的税务数据以外获得更为广泛的社会数据，并应用在税务监管中。

对于企业来说，需要借鉴监管部门的管理思路，基于企业自身的数据，以及可获取的社会化数据，在一定程度内对企业内部应用大数据开展税务风险的预先排查。当然，受到数据基础的限制，企业与监管部门相比，可能会有所不足。

实际上，与监管部门之间发票数据的对接、电子发票的应用，对于提升企业内部基于流程的报账处理、操作风险管理都可能更具价值。如增值税专票及普票数据的对接，能够帮助企业简化发票真伪查验、发票认证的流程，对电子发票的应用能够大大降低企业的开票成本，也方便了进项报销的处理。

三、资金管理

（一）框架详解

资金管理框架详解，如表 8-3 所示。

表 8-3 资金管理框架详解

项目	说明
资金收付管理	能够实现高效且安全的资金收付管理，有效支持资金的收支交易处理、交易后的核算处理、收支失败等异常管理；进行准确的资金收支相关的业财、银企核对；有效控制重复支付等资金支付风险；支持多种形态的资金收支，如银行通道、第三方收付通道等
资金计划管理	能够及时且可靠地预测资金计划，基于资金计划有效地进行头寸管理和资金调度处理。在有条件的情况下可进行滚动资金计划预测。能够对资金计划的申请、调整等过程管理提供支持
债券融资管理	基于发行债券的方式实现直接融资。财务应当能够统筹债券融资的管理过程，与券商进行融资意向沟通、发行准备、审核并上市。能够配合债券融资进行有效的风险评级规划和事前管理
股权融资管理	股权融资是指企业的股东愿意让出部分企业所有权，通过企业增资引进新的股东的融资方式，总股本同时增加。财务能够进行股权融资的沟通、准备、审核配合及发行管理
混合融资管理	混合型融资方式是指既带有权益融资特征又带有债务特征的特殊融资方式，如可转债、认股权证等。财务能够进行混合融资的沟通、准备、审核配合及发行管理
司库管理	司库从大的类别上包括交易管理、资产负债管理和流动性管理、风险管理三个支柱。司库职能在一定层面与其他资金管理职能存在交集
外汇管理	能够有效地管理外汇账户、外汇境外及跨境收支、外汇头寸，把控外汇风险，有效应对外汇监管
银行关系管理	能够有效管理与银行间的关系，与合作银行形成良性协作机制。基于良好的合作关系，企业能够以最具竞争力的价格，获取优质的信贷和非信贷服务。能够有效选择合适的合作银行，以专业化的态度进行关系管理
资金系统管理	能够构建完善的资金管理系统，覆盖资金收支管理、账户管理、票据管理、银企对账、风险管理、流动性管理和资金计划管理等一系列功能。资金系统应当实现高度的安全性
流动性管理	流动性风险管理是指应避免在某一特定的时期业务中产生的资金流量缺口风险。需要及时考虑自身财务状况恶化时，被交易对手要求提前终止安排或提高信用安排时所需要的融资来源。对于金融企业来说，流动性风险管理尤为重要，但是对于其他行业，从现金流风险的角度来说也是需要重点关注的
投资管理	基于企业资金进行有效的投资，如直接投资、证券投资、项目投资等。企业财务应能够进行投资规划，管理投资收益，控制投资风险

（二）智能增强

对于资金管理来说，智能化的影响主要体现在对资金交易的安全性和核对一致性方面、跨境外汇交易效率的提升及成本降低方面，以及对资金计划、流动性风险管理预测等能力的提升方面。

首先，对资金管理影响比较重要的智能技术是区块链技术。基于去中心化的分布式账簿，能够构建起企业集团级的区块链清结算平台。基于区块链原理的交易记账，能够有效提升资金交易的安全性和效率，并能够解决资金清结算中的交易核对和一致性问题。而在一国社会范围内的区块链金融的发展，能够更好地提升企业间、企业与金融机构间、金融机构间的资金交易的安全性和效率。当然，在实践中，我国基于互联网、移动互联技术的资金交易模式的痛点并不显著，更有价值的应用体现在跨境交易上，对跨境交易的时效性长、成本高、依赖性强的痛点的解决能够让区块链技术体现出更大的价值。

其次，大数据技术的应用，能够帮助我们更好地展开资金计划管理。企业通过自身数据的积累，以及对企业构成资金需求影响的风险数据的监控，能够更为弹性地展开资金计划预测，并实现资金计划的动态滚动预测。同时，大数据能够借助对风险“加速度”的发现和监控，在更早的阶段发现流动性风险、资金安全风险等，帮助企业更好地展开资金风险管理。

四、合规管理

（一）框架详解

合规管理框架详解，如表 8-4 所示。

表 8-4　合规管理框架详解

项目	说明
监管政策研究	能够积极地获取监管政策和信息的变化，及时、高效地在企业内部进行政策的拆解和消化，形成相匹配的应对机制。能够针对不同的监管部门有相应的对接和管理，并形成相配套的制度流程
监管沟通及检查应对	能够形成与监管部门之间顺畅的沟通和对话机制，在重大合规问题出现之初，能够进行预防性的监管沟通，减少不必要的损失。能够积极主动地应对监管检查，针对各类检查设置相应的工作计划，避免被动响应和消极应对，帮助企业尽可能减少检查损失

续表

项目	说明
监管信息报送	能够基于各类监管部门的要求及时进行各类监管信息的数据准备、报送，做好报送后的数据解释及询问应对。监管信息报送应在符合监管报送要求的前提下，平衡好自身企业的信息安全
违规风险管理及违规后危机管理	能够针对下级机构的违规情况，及时进行信息汇总和风险的管理指导。针对所发生的违规情况，能够从各个层级进行问题发生后的危机管理，减少消极的舆论影响，并力求挽回监管的信任关系

（二）智能增强

在合规管理方面，可以考虑应用大数据技术进行舆情监控。针对企业所在行业同业监管的舆情动态、下级机构的监管实践动态与公司监管相关的社会信息动态各方面的信息，对监管部门可能的监管行为或监管政策的发布等，提前做好预判和预案准备，借助大数据技术，化被动为主动。

在监管信息的报送方面应当考虑建立起与监管系统之间的对接，从而保障报送信息的可靠性与时效性。目前，国内监管部门对可扩展商业报告语言（XBRL）在监管信息报送方面的应用，持相对积极的推动态度，企业可以基于 XBRL 进行相应的信息转换系统的建设，提升信息报送的信息化水平。

五、管理会计

（一）框架详解

管理会计框架详解，如表 8-5 所示。

表 8-5　管理会计框架详解

项目	说明
维度体系搭建	能够搭建管理会计分析所需要的维度体系，建立维度层次，清晰地定义各维度的维度值。维度体系应当能够有效承接经营分析的需求，与会计核算、全面预算的维度体系在一定层次上保持一致性

续表

项目	说明
收入分成管理	能够有效地将业务收入按不同的维度和维度层次进行分成。在通常情况下，可以优先考虑基于业务交易的源数据，将销售合同直接进行多维度底层维度值的指认，对于无法直接指认到底层维度的收入，需要建立相应的收入分成规则，并能够及时完成相关的收入分成数据处理
成本分摊	能够将公共成本以逻辑清晰或协商一致的规则，向各维度、各层次进行分摊。能够针对不同的业务特点选择相匹配的成本分摊方法，有效地进行成本动因、分摊路径设计及管理。能够就成本分摊规则与关联部门展开充分的沟通，使得分摊结果更易获得认可和应用
多维度盈利分析	基于多维度的收入分成以及成本分摊的结果，展开多维度的成本和盈利性分析。能够基于单个维度或组合维度的信息展开分析，并为管理决策提供有用支持
作业成本管理	能够针对可行的业务场景，如生产作业或运营作业，基于作业成本法或估时作业成本法进行成本分析。基于作业成本法，追踪并动态反映企业的所有作业活动，进行成本链分析，包括动因分析、作业分析等；指导企业有效地执行必要的作业，消除和精简不能创造价值的作业，从而达到降低成本、提高效率的目的
资金转移定价（FTP）管理	资金转移定价是企业资金池与业务经营单位按照一定规则全额有偿转移资金，达到核算业务资金成本或收益等目的的一种内部经营管理模式。这种模式在商业银行的应用较为普遍，在部分有类资金池业务的金融企业中也有应用。相关企业财务应当能够建立资金转移定价的相关业务规则，基于系统完成交易定价的处理和跟踪，并能够基于经营战略导向对定价进行及时、动态的调整
风险成本和资本成本管理	能够从管理会计的视角，对企业的风险成本和资本成本进行计量，并将相关成本用于对业务单元的绩效评价和考核中。金融企业（特别是商业银行）应给予风险成本和资本成本管理更多的关注

续表

项目	说明
管理会计数据应用	能够有效地推动管理会计数据结果在经营分析、绩效考核、产品定价、精准营销、运营改善等不同业务领域、业务场景下的应用。通过业务的应用，能够持续对管理会计数据质量提出改进的需求，并使得管理会计形成数据采集、加工、应用、优化的良性循环
管理会计系统	能够建立支撑管理会计的信息系统基础，包括维度定义、配置、数据采集、动因管理、分成处理、分摊处理、报表分析等多种功能的系统化支持

（二）智能增强

管理会计的应用十分依赖信息系统的建设情况。在通常情况下，管理会计需要处理相对大量的数据，如缺少信息系统的支持，就很难实现日常的机制化运转。但在传统模式下，管理会计支持系统的运算性能存在瓶颈，在性能难以支持的情况下，需要通过简化业务逻辑的方式来满足性能的要求。

实际上，从多维数据库的出现开始，管理会计的性能已经得到了很大的改善。在传统模式下，关系数据库严格按照三范式设计，通过多次表连接实现查询，对于大数据量的处理，非常费时，且性能较差、开发周期长、成本高。而多维数据库则以事实表为核心，由多个维度组合而成，结构简单、容易理解、开发相对容易，但却导致出现很多冗余，多维数据库属于使用空间换取时间的解决方式。

随着智能化的到来，管理会计将更多地从技术性能方面获益。针对管理会计最大的痛点——运算性能不足，在物理架构、硬件等方面的技术进步能够使得这些问题有所缓解。基于云计算架构搭建的多维数据库，或者直接使用内存数据库来进行相关的管理会计数据处理都有优化数据性能的机会。

同时，大数据技术架构的发展，也为使用如 Hadoop 等大数据平台来解决多维数据处理问题提供了新的技术思路。

六、成本管理

（一）框架详解

成本管理框架详解，如表 8-6 所示。

表 8-6 成本管理框架详解

项目	说明
成本战略体系设计	能够在公司内部搭建跨越各个层级的成本战略管理体系，将成本管理从战略高度展开设计与推动。搭建成本管理组织，建立相应的制度和流程，推动持续的成本改善
基于价值链的全成本管理	能够基于价值链视角在不同的价值链环节，如研发、生产、销售、运营等，采用差异化的成本管理思路和方法，将成本管理与价值链进行深入融合，建立基于价值链的全成本管理模式
费用的前置管控	能够推动成本费用的前置化管理，通过以不同成本费用类型的差异化的前端信息系统和流程的构建，深入成本费用的事前管理和流程化管理，如差旅费、采购成本、通信费等管理都可以采用类似的思路和模式
成本文化环境建设	能够积极有效地在企业内部推行成本文化环境的建设，通过宣导、培训、激励和惩罚机制等的共同作用，使得整个企业内部形成成本管控的统一文化环境
最佳成本实践的形成和推广	能够积极主动地挖掘企业内部不同业务单元的最佳成本管理实践，将成本管理实践进行有效的提炼，并形成相应的管理案例，进一步进行最佳实践管理案例的推广，从而获得管理收益

（二）智能增强

在智能时代的管理创新中，成本管理不妨在成本费用的前置管理方面下更大的功夫。在传统财务模式下，对成本费用的管理很难做到事前管理和深度管理。在智能化大环境下，与业务场景密切相关的信息系统更加支持成本费用的前置管理。如以差旅费、会议费管控为核心的前端商旅服务、会议服务管理，以车辆费用管控为核心的车联网系统的应用，以采购成本管控为核心的类电商采购平台的应用，这些新兴信息系统的涌现，对于财务更好地管控成本费用都发挥了重要作用。

此外，物联网技术的发展，使得我们对人的行为、事项发生的过程、材料、产品、采购资产流转的跟踪都有了更加细化和清晰的视野。基于物联网数据的采集和分析，让我们能够站在新的分析视角和高度来管控成本费用。结合大数据的应用，能够获得更直接和有用的成本费用管理举措的线索，并将其付诸行动。

七、财务风险管理

（一）框架详解

财务风险管理框架详解，如表 8-7 所示。

表 8-7　财务风险管理框架详解

项目	说明
财务操作风险管理	能够有效管理财务作业流程中所涉及的各类潜在财务操作风险，建立起操作风险管理的组织、流程、机制。能够深入业务流程，明确流程中的风险点、监控方式、防范机制，明确责任人，最终达到降低财务操作风险事件发生概率的效果
财务风险意识及管理文化建设	在企业中能够有效地对操作风险管理加强文化建设和宣导，推动财务流程中的各方参与者形成操作风险意识，实现操作风险的事前防范和主动防范
风险控制与自我评价（RCSA）工具的财务应用	能够应用风险控制与自我评价工具辅助进行财务操作风险管理，借助工具展开基于流程的风险点的识别和控制方法的定义，并借助工具展开风险自评等管理活动。能够对 RCSA 工具进行及时、有效的日常维护，以保持工具的可用性
关键风险指标（KRI）体系的财务领域搭建	能够针对财务操作风险定义关键风险指标，关键风险指标应当覆盖人员、流程、系统、运营等多个不同的维度，基于风险指标，实现对日常财务操作风险的事前发现和预警，防患于未然
重大风险事件监控	能够建立起重大风险事件发生后的信息传递机制，风险管理团队应当及时获知重大风险事件的发生和详情，第一时间跟踪责任人，并及时推动建立后续整改方案，防范二次风险

（二）智能增强

通过智能技术，能够从事前、事中、事后三个层次防范财务操作风险。

从事前防范角度来看，在传统模式下，我们所构建的KRI体系是基于经验和分析的，但这种构建方式可能存在认知完整性的缺陷。基于财务业务流程中大量的交易，以及现有模式对于风险事件的发现，能够通过机器学习方法发现新的KRI规则，从而补充和完善现有的KRI体系，加强对事前风险的防范能力。

从事中控制角度来看，基于经验的规则系统化，能够实现初级人工智能的应用，通过大量的规则，能够发现财务交易中的潜在风险事件，并能够对一些风险事件进行直接拦截。此外，基于数据积累，能够对每一笔单据进行风险分级，针对不同的风险等级配置不同的控制流程，从而提升风险管控能力。同样，基于经验的规则积累，能够借助机器学习技术进行持续的训练优化，持续提升风险控制能力。而基于企业内外部大数据的积累和挖掘，能够建立更丰富的单据风险分级规则模型，使得单据的风险分级更准确。

从事后分析角度来看，能够建立起不同类型的分析模型以发现风险线索，如基于决策树的模型、社交网络的模型、聚类分析的模型等。这些模型的构建，能够帮助我们在事后进一步进行操作风险审计和问题发现，通过跨交易单据的分析，发现更为广泛的风险线索，并基于风险线索进一步发现和解决问题。同样，大数据和机器学习有助于我们持续完善各种分析模型的规则，从而提升风险线索发现的精准度。

第二节　电子发票助力管理升级

电子发票是这两年的一个热点话题，也一直是财务人关注的焦点。在这一节的标题中，本文用了“迟到的进步”的表述，其背后有两层含义：一是电子发票在国内的出现是迟到的；二是在国内开始推进电子发票后涉及的技术是迟到的。在这个大背景下，下面来探讨一下在电子发票中大家关心的几个问题，希望对实务有些帮助。

一、电子发票的发展现状

首先来看一看电子发票在国内是如何发展起来的、当前的现状如何，以及在实务中我们面临了哪些困难和挑战。

（一）电子发票的前世今生

正如前面所谈到的第一层“迟到”的含义，电子发票在我国的出现是远远落后于全球实践的。美国从20世纪60年代末开始使用电子数据交换（EDI），2013年强推电子发票。2003 年欧盟出台了《电子发票指导纲要》，提出要求建立欧盟统一的电子发票系统。所以这么看下来，国内的电子发票建设从进程上来说是迟到的。

那么，国内的电子发票是怎样发展起来的呢？事实上，在电子发票正式落地前，有一个很重要的过渡时期，即网络发票时期。听到这个概念的时候，大家很容易误解，把它当作电子发票，其实网络发票更多的是提供了一个网络化的发票管理平台，在这个平台上能够进行纸质发票的申领、开具管理等。其实质是把纸质发票的管理过程网络化了。虽然这和电子发票是两码事，但对后续电子发票的诞生从观念的转变上起到了很好的铺垫作用。

京东开具了第一张电子发票，是真正意义上的电子发票在国内的落地。之所以选择从京东开始，是因为电子发票的诞生在很大程度上也是电商在国内快速发展所驱动的。从场景来看，选择电商作为突破，就如同微信从红包突破支付市场一样，是在商业策划上非常成功的案例。

而随后，在相当长的一段时间里，各方都陷入了电子发票如何报销的纠结中。首先需要解决的是法理上的问题，然后就是实操上的问题了，电子文件流转方式直接对会计档案管理带来了挑战。在一定条件下“单位内部形成的属于归档范围的电子会计资料可仅以电子形式保存，形成电子会计档案”，这是配合电子发票落地的重要的配套突破。但到目前为止，我国还是要求报销时必须将电子发票打印出来，这不得不说是电子发票推进过程中一件很尴尬的事情。

（二）电子发票在开票方这里不是问题

电子发票启动后，最积极的是开票方（销售方）。首先，从动机上说，电子发票对开票方是非常有益的。对于零售行业、服务行业、金融行业的企业来说，开具纸质发票一直就存在不少问题，比如需要进行纸质印刷、需要进行发票配送等操作和成本问题。而对电商来说，尤为如此。所以当电子发票出现后，大家呼声一片，非常积极地加入了变革中。税务总局规范电子发票服务平台建设，重点在电商、电信、金融、快递、公用事业五大领域推行电子发票。

其次，从技术角度来说，开票的难度也是相对较低的。因为核心的技术难点如税控加密防伪、电子签章、二维码、发票赋码等都是架构在统一的电子发票服务平台和税务端管理平台上的，无须开票方进行技术投资。对于开票企业来说，要干的事情是在企业端设置前置机，与电子发票服务平台进行数据交互，提交开票电子数据信息后，获取电子发票平台返回的电子发票文件提供给客户。

而对于这些企业的客户来说，只要不是用于报销，大家都还是乐于获取电子发票的，毕竟个人获取发票主要还是用于质保或者维权，只要打官司管用，电子的总是比纸质的易于管理。特别是在今天互联网服务越来越发达的背景下，如微信等社交平台也提供了电子发票的配套解决方案，这给用户获取和保管电子发票带来越来越多的便利。

（三）电子发票报销那点儿糟心事

如果说电子发票还有点比较糟心的事情，那么就是进项发票的报销了。说起报销，对于企业来说，有两个问题要解决，一个是报销过程；另一个是完成报销后的归档。

首先来看看报销的过程。对于电子发票来说，目前的政策是要求必须打印出纸质电子发票后进行报销。这就给企业财务带来了一定的挑战，因为打印出来的电子发票在真伪的校验上比纸质发票困难多了。从电子发票本身来说，由于其中内嵌了电子签名信息，通过数据提取和税务局数据库的校验很容易进行真伪校验，但打印出来后，直接损毁了这部分关键的校验信息，重复打印发票报销甚至通过 PS 伪造发票报销的情况都有可能发生，这就大大增加了企业财务把控风险的难度。

解决方案总是要有的，我们先用个笨法子，将打印后的纸质发票的关键信息人工录入系统，或者将打印件扫描后使用 OCR 提取信息进行存储，并与税务局系统进行比对校验。这样可以变相控制财务操作风险。

高明点儿的法子是改造前端的财务报销系统，要求员工报销的时候直接上传电子发票的版式文件，或者通过第三方同步接入电子版式文件，系统后台对版式文件进行解析后与税务局系统进行比对校验。打印这个环节就交给财务来做，财务把版式文件打印出来后再加入档案中，也是满足要求的。

另一个问题是归档。打印出来的纸质电子发票当然是好归档的，直接塞到会计凭证里面，和传统发票归档可以当作一回事。但既然使用了电子发票，就应该把电子发票的归档做起来。企业可以建立电子档案管理系统，建立电子发票与会计原始凭证的关联，实现电子化归档。从会计凭证的视角，能够看到包括电子档案在内的一套完整的原始凭证的电子信息，这给后续进一步检索和应用电子档案带来便利。

总体来说，现在进项发票报销的处理模式有点鸡肋，后续必然需要有一个优化和改进的过程。

二、我们期待电子发票有怎样的未来

那么，电子发票会向什么样的方向进一步发展？未来的电子发票会有哪些值得期待之处？

（一）值得期待的增值税专用电子发票

到目前为止，电子发票还仅仅支持增值税普通发票，这给全面加速电子发票进程造成了不小的阻碍。毕竟全面营改增后，增值税专用发票对企业具有极其重要的意义，少了这部分，电子发票的推进就谈不上是成功的。

不过，我们相信增值税专用电子发票的推出已经不远了。一旦正式推出，很多观望中的大型企业就会加速技术投入，考虑完整的电子发票落地方案。而在此之前，税务部门也正在进行铺垫和准备。全面营改增后，“金税三期”系统的建设极大地推动了增值税数据在全国层面的集中，这为实现增值税电子发票与税务局底层账库数据的对接，以及发票真伪的校验提供了可能，是推动增值税专用发票电子化的重要基础。

（二）未来如何玩转电子发票

最后，再探讨一下在理想模式下，如何玩转电子发票。理想模式有以下几个特点。

1. 现存普通发票全面转为增值税普通发票

随着营改增的完成，现在各式各样的普通发票将逐渐全面转为增值税普通发票，尽管我们说这是一个必然趋势，但要完成这样的转换并不容易，新旧模式的转换还依赖大量基础设施的投入。

2. 无论是增值税普通发票还是专用发票，全面支持电子发票的形式

当所有的发票全面转为增值税发票后，无论是专用发票还是普通发票将全面支持电子发票的形式。尽管在这个过程中由于使用习惯的问题，纸质发票可能仍会存在很长一段时间，但终有一天将全面过渡至电子发票模式。

3. 国税总局的数据服务器能够面向全国用户提供交互支持

国税总局的数据服务向社会开放，当前的服务器性能瓶颈将被突破，国税系统能够面向全国所有企业用户提供免费的数据交互服务，这将给企业进行发票真伪校验和认证处理带来极大的便利。

4. 电子发票服务平台能够提供可靠、优质的公共服务

社会上将出现电子发票公共服务平台，这可能是基于某一具有公信力的协会型组织来提供服务的，能够成为开票方、收票方、税务局三方之间的服务枢纽，提供发票查验、电子签章、发票推送、发票存储等公共服务。

5. 企业端系统能够最终实现与税务局数据库的数据层面对接

尽管有服务平台作为中间枢纽，但另一种选择是企业端系统能够最终实现与税务

局数据库之间的数据层面的直接对接，从而为企业电子发票数据的应用提供更多的可能。

6. 企业端建立起支持电子发票的电子档案系统

企业端均建立起电子档案系统，能够对电子发票以及其他原始凭证进行统一的电子化管理。

7. 报销无须打印纸质文件

企业报销无须打印纸质凭证，基于公共服务平台和电子档案系统的协同支持，能够完成基于数字化电子发票的直接报销流程。

在理想环境下，企业销售货物后可以通过ERP系统直接对接服务平台，完成销货后即时开票。用户获取电子发票后，能够在移动终端的电子钱包中查看到电子发票，通常大的服务商的App应该提供此类服务，而第三方支付服务商如微信、支付宝等也应该具备此项功能。员工在进行报销时，企业的报销系统能够对接上述电子发票管理应用，员工可以直接选择电子发票或者自行上传电子发票版式文件触发报销流程。企业的报销系统解析电子发票版式文件中的信息，对接金税系统进行真伪校验，并进行发票认证。最后，完成报销的电子发票进入电子发票档案库，完成归档过程。

电子发票这件事情就快迈出最后一步，对于企业来说，应当做好准备，随时迎接它的到来。

第三节　全维时代的管理会计

管理会计的概念体系是一个比较大的范畴，广义的管理会计包含了前面我们所谈到的经营分析，而相对狭义的管理会计则由收入分成、成本分摊和盈利性分析三个核心部分构成。而这三个部分都离不开维度的概念。在传统的技术条件下，对维度的应用受到了不小的限制，而智能时代大数据的技术框架可能对此有所帮助。这里我们从财务能够理解的技术角度来看一看如何从维度的限制中突围。

一、管理会计眼中的维度

首先来看一看维度和管理会计有怎样的关系。元数据是“数据的数据”，用维度和维度值来描述数据是我们对经营情况展开分析的重要方式。而管理会计从其功能上讲，可以说是经营分析的底层支持。经营分析需要基于多种维度进行不同视角的观察，同样对管理会计提出了要求，需要管理会计能够将收入、成本等经营信息基于不同的维度视角进行加工处理，并最终实现多维度的成本盈利分析。从这个角度来看，维度和管理会计存在着密不可分的关系。下面再来具体谈一谈维度这件事情。

（一）设计维度

从本质上讲，维度是我们看事情的视角正如“盲人摸象”这个故事所蕴含的道理，当我们对一件事情进行认知的时候，很难一次性看到它的全貌，在正常情况下，看到的只是一个视角下不完整的认知，而随着视角的不断增加，我们所获得的观察对象的信息会不断丰富起来，从而帮助不断提升认知水平，并最终有可能还原出接近真实的场景。为什么要说接近真实？客观地讲，现在很难说对哪件事情能够做到真正意义上的完整认知。

当我们知道维度是一个看事情的视角后，在进行管理会计维度设计的时候，就可以充分利用这一概念。由于管理会计的最终目的是辅助我们进行经营决策，所以，回答“需要用什么维度来看管理会计”的本质就在于“需要用怎样的视角来看经营”。

在缺乏管理会计体系支撑的情况下，我们能够用来看经营的视角是十分有限的，很多企业也仅仅能够依赖会计核算系统，从会计科目和组织维度来看经营。但是当引入管理会计后，维度就有条件进行一定程度上的扩展。如果资源有限，那么从哪里开始扩展呢？

从逻辑的角度讲，首先应该扩展的维度是对分析经营情况、指导经营行为最有价值的方面。比如很多公司的起点会选择“产品”和“渠道”两个维度，因为“产品”和“渠道”对大多数企业来说都是高度影响其经营结果的视角。随后，不同的行业开始有了不一样的选择，如以工程交付方式为主的企业可能会优先考虑工程项目的维度，咨询行业会增加咨询项目的维度，高科技行业会增加研发项目的维度，电信、金融行业会增加运营的维度，零售行业会增加客户、客群的维度等。当然，上面所举的例子并不一定是所有行业公司的一致选择，实质上，这些行业公司往往会同时产生多个新增维度的需求。但我们必须要意识到，维度的资源是有约束的，当无法一下子扩展多个维度的时候，要基于最有用的视角来逐步扩展维度。

（二）维度有怎样的特点

那么，维度又具有怎样的特点呢？

首先，维度应当具有清晰的含义和边界。也就是说，当我们用维度来描述经营情况时，一个维度值只归属于一个维度，即维度值应当具有唯一性。比如很多公司在做网络销售，如果用“网销”作为一个维度值，而这个维度值同时出现在“产品”和“渠道”两个维度中，那么就会导致出现用户的认知困扰，不知道财务在说的事情到底是针对“产品”还是“渠道”的。

其次，维度应当具有层次性。比如对于“组织”这个维度，可以首先定义“法人”这个层次，进一步地，在“法人”下定义“事业部”的层次，再细分为“研发”“销售”“生产”“售后”等部门类的层次，最后落实到具体部门上。一个层次清晰的维度体系能够帮助我们更好地基于层次进行自下而上的数据汇总，从而获得更多的管理信息。

最后，维度之间是叉乘关系。在管理会计中，如果用多个维度来描述一件事情，我们希望看到的是几个维度之间的叉乘结果。

（三）收入分成和维度

对于收入来说，我们将其与维度进行匹配会相对容易。在通常情况下，当发生一笔销售的时候，销售的属性还是相对清晰的，比如卖的是什么产品、谁卖出去的、通过什么渠道卖出去的、客户是谁等。在销售发生时，从客观上讲，这些关键信息往往还是比较清楚的。在这种情况下，如果要获得多维度的收入分成信息，最核心的是要在销售的源头进行多维度的交易记载，也就是基于每一笔订单清晰地记载相关维度信息。

如果在源头没有记载，后续再基于合并记载的销售收入来进行拆分，难度就会很大。很多时候需要基于主观设定的规则来进行，这将降低收入分成的质量。因此，在进行管理会计的收入分成系统化时，我们需要尽可能地深入业务前端，通过从交易系统获得原始数据来达到最佳效果。

当然，有时在销售的源头也无法将收入完全清晰地归类到各个维度，此时还是需要采用一定的分成规则作为支撑。

（四）成本分摊和维度

对于成本来说，如果要将成本信息和维度进行匹配，那么所面对的情况会比收入分成更复杂一些。

首先，部分成本和销售订单是直接相关的，这种成本往往比较容易处理，与收入一样，我们能够直接指认大部分成本信息。但是仍有相当大比例的中后台成本是无法直接进行明细维度指认的，在这种情况下，就需要依赖其他的方式来进行处理。

在通常情况下，我们需要在成本发生的各类系统中尽可能清晰地记载一些维度信息，比如在报销的时候要求报销人指定可以确定的直接维度信息，如“部门”“产品”“项目”等。当然，这种指定是有局限性的，有些维度无法指认到底层的维度值，有可能停留在父级维度值上，甚至有些维度根本无法指认，必须依赖后续的成本分摊来进行。

其次，成本分摊又是一个很大的话题，分摊的方法也有很多，对于管理会计来说，最重要的是要选择合适的成本动因和分摊路径，这里不再展开赘述。

（五）盈利性分析和维度

当完成收入和成本的维度信息匹配处理后，就具备了多维度成本盈利分析的基础。

理想的多维度盈利性分析的数据基础应该是所预先设定的维度都得到了充分的匹配。也就是说，在底层数据中，能够基于各个维度底层的维度值展开叉乘，且所有的叉乘记录上都应该有相应的值。当然，对于无意义的叉乘，可能获得的是空值，但有业务含义的叉乘结果都应该有相应匹配的叉乘值。

在这个基础上，所谓的多维度盈利性分析就是能够从单一维度、部分维度、全部维度进行灵活的汇总分析，而汇总时，在任何一个维度的层次上都是可以做异步汇总的。通过这种模式，基本能够从宏观到微观、从各个不同的层次深度和不同的视角来看待企业的经营情况。比如可以看到所有“事业部”的所有“产品”的收入和成本情况、某个“事业部”的所有“产品”汇总的收入和成本情况，也可以看到每个“事业部”的每个“产品”的收入和成本情况。这从管理上赋予了最大的灵活性。

二、管理会计团队的多维之痛

从前面的介绍中我们能够了解到，维度赋予了我们观察企业经营情况的不同视角，而要想全面地看透经营情况，视角自然是越丰富越好。也就是说，我们所能够构造出的维度体系越丰富越好。但是在实践中要做到这一点并不容易，因为多维度底层收入、成本数据的构建和应用是有难度和代价的。

首先，多维度底层收入、成本数据的构建需要大量的基础工作，如前面所谈到的采集数据源头信息、标记业务流程的维度值等工作，都需要我们完整地梳理端到端的信息系统，并进行细致、耐心的系统改造。

其次，系统需要对基于规则的收入分成和成本分摊进行大量的计算处理。一方面，系统的计算能力需要足以支持；另一方面，系统处理的时效性要能够保障。我们往往无法直接从源系统抽取数据进行加工处理，需要通过数据仓库先进行抽取和存储，在此基础上再进一步进行加工处理。而在某些情况下，数据之间还存在处理的先后逻辑关系，这会导致数据加工处理出现排队的情况。很多时候，管理会计人员是在痛苦的排队等待中陷入绝望的。超出预期的数据处理时间，将使得数据结果因时效性的丧失而价值大大降低。

最后，当完整地形成了多维度收入和成本的底层数据后，报表的出具同样受制于系统的性能。由于叉乘关系的数据是极其庞大的，每增加一个维度，带来的都可能是几何量级的数据的增长。而在如此海量的数据上进行分层次多维度组合的数据汇总，不难想象，当系统性能不足以支持的时候，漫长的等待同样让人绝望。

从上面的分析我们能够看到，对于基于多维度成本盈利分析的管理会计来说，技术性能对于维度的扩展是重要的影响瓶颈。如果要想获得丰富、全面的管理会计分析视角，也就是进行任性的维度扩充时，首先要解决的是技术架构的性能问题。

三、技术进步下的维度破局

当我们看到了制约管理会计的瓶颈后，再从技术角度来谈一谈如何进行破局。下面我们从数据库技术的发展角度来看看有怎样的机会。

（一）关系型数据库对于维度的处理

我们先来看看最传统的关系型数据库。关系型数据库是建立在关系模型基础上的数据库，其借助于集合代数等数学概念和方法来处理数据库中的数据。现实世界中的各种实体以及实体之间的联系均可以用关系模型来表示。我们可以简单地把关系型数据理解为一种二维表格，一个或多个二维表格构成了关系型数据库，如 Oracle、DB2、Microsoft SQL Server、Microsoft Access 等都是关系型数据库。

当使用关系型数据库进行数据分析时，需要怎样处理呢？关系型数据库需要基于多个表之间的关联关系进行多次的表连接来实现数据查询，就像用一个个小铁环连接起来的铁链，环环相扣，完成最终的数据处理。在这种模式下，如果是小数据量的查询，则问题不大，但是当面对多维度海量数据时，这样的数据连接方式非常耗时，性能问题凸显。对于开发人员来说，关系型数据库的开发周期较长，成本也较高，但好处在于它消耗的存储空间较少，容易扩展。不过，这些优点显然不是管理会计的业务应用中所需要的。

（二）多维数据库的维度增强

面对关系型数据库在处理多维度大数据量时的不足，多维数据库的出现让苦难中的管理会计人员看到了曙光。那么什么是多维数据库呢？

在讲到多维数据库的时候，我们理解起来还是很抽象的。因此，我们经常用一个立方体的概念来解释多维数据库。那么如何看待这个立方体呢？数据被存储在一个多维数组里，如果用立方体来表达，那么立方体的边代表了“维度”，立方体本身被叫作“度量”或“事实”，其实也就是我们通常所理解的具有数量特征的统计对象，比如金额、销量、库存等。

在大立方体的一个小立方体块中，在立方体的边也就是维度上可以理解为有不同的刻度，这些刻度就是“维度值”，当多个维度上的刻度确定后，也就是维度组合的每个维度的维度值确定后，就可以锁定一个具体的多维度组合结果，这个结果常常被称为“切片”。实际上在管理会计中所说的底层的数据记录，在多维数据库中就是由这样一个个切片所组成的。

那么为什么说多维数据库能够更好地提升维度组合后的查询效率呢？因为多维数据库在本质上存在着大量的冗余，用空间换时间，提升了运算效率。

这里要科普一个术语，在多维数据中的数据立方体被称为Cube，我们经常会听到不少海波龙(Hyperion)的顾问用到这个词。另外，还需要知道的是，在多维数据库领域，使用比较多的是海波龙Essbase数据库，这也是Oracle收购的海波龙系统会成为预算、合并、管理会计最常用的支持系统的原因，这和它善于处理多维度数据记录是密切相关的。

从这里我们能够看到，在处理多维数据时，多维数据库比关系型数据库更前进了一步。但我们也必须知道，多维数据库仍然有它的局限性，当维度扩展到一定的数量后，仍然会有性能瓶颈。因此，有不少咨询顾问会告诉你，“请在业务设计上适当控制维度的需求”。

（三）大数据架构下的维度再突破

当大数据技术得到快速发展和普及后，管理会计人员对维度的渴求有了进一步扩展的机会。

实际上，我们需要关注数据处理的时效性和数据量，并据此来考虑技术架构。对时效性要求很高的数据分析，我们可以称为实时数据分析。现在的实时分析技术也比以前有了很大的改善，特别是内存数据库的出现，极大地提升了分析效率。我们可以看到，现在就有一些企业选择这样的工具来进行管理会计的处理。管理会计对时效性的要求并不至于达到实时性，离线数据分析往往已经能够满足需求，反而是对大数据量的处理能力更为重要。而在数据量方面，内存数据库受到总内存的限制，往往可以处理相对一般量级的数据，但在海量数据下就会产生一定的压力。

多维数据库往往能够处理BI量级的数据，但是在海量数据下它的压力就相当大，要么负载不了，要么成本过高。而基于分布式文件系统的大数据架构能够在海量多维数据的处理上有所作为。

以最常见的Hadoop为例，它在进行多维分析处理的时候，能够充分利用其处理非结构化数据的能力，采集包含大量冗余信息的数据，同时将这些大量冗余的维度信息整合到事实表中。简单地说，就是用Hadoop强大的塞垃圾的能力，存储更大量的冗余数据，把空间换时间的事业进行得更加彻底。在这种情况下，业务人员能够基于冗余的维度，更加灵活地切换分析视角。另外，Hadoop中的MapReduce（一种编程模型，帮助IT人员在分布式系统上运行程序）有着强大的并行处理能力，这使得在任性扩充维度后，系统的性能开销并不会显著增长。使用这种方式，我们在Hadoop平台上构造了一个巨大的数据立方体，它包含着随意多的维度。

可以想象，未来的管理会计将有可能突破维度的限制，我们将能够更多地关注如何构造维度以更好地反映经营情况，而不必再担心维度在性能上的制约，这就是管理会计的全维时代。

第四节　财务渗漏的智能风控

对于专业财务来说，业务人员舞弊和渗漏风险管理一直是重中之重。然而，在传统的财务管理模式下，想要做到这一点在客观上存在着较大的难度。一方面，渗漏和发现渗漏就如同一场猫捉老鼠的游戏，总是不得不面对财务与业务的各种博弈升级；另一方面，要想做好这件事情，财务在反渗漏的斗争中不得不消耗大量的人力和精力。

好在随着智能时代的到来，在财务反渗漏这件事情上有了新的转机。依托智能技术，我们有可能在与渗漏行为的博弈中占据更加主动的位置。同时，也能够让算力在一定程度上替代人力，智能风控让我们能更容易地抓住财务渗漏的尾巴。

一、财务渗漏

对于财务来说，在面对风险时有两种典型的情况。

一种情况是在复杂的财务流程中存在大量的财务运营工作，这些工作本身容易发生因为工作疏忽或者技能熟练度不足所导致的各种各样的差错。对于这些差错来说，我们并不把它们理解为一种渗漏行为，而更多地定位为财务的质量问题。

另一种情况是这里要说的财务渗漏，也可以理解为公司员工出现道德问题，从而发生的舞弊欺诈事件，这些事件会直接或间接地造成公司的财务损失。由于这种行为往往隐藏在大量的常规业务中，如员工的费用报销、零星采购等，如同一个容器出现了破损，漏下了沙子，故被称为财务渗漏行为。

对于财务渗漏来说，最典型的关键词是“虚构”，那么我们会面临哪些虚构事项呢？

（一）虚构经济事实

这种情况是财务渗漏事件中性质最恶劣的，可以用“无中生有”来形容。涉案者往往是在没有任何真实业务支撑的情况下，凭空捏造一个经济事实。做得比较高明的，往往还会编造一套看起来相对靠谱的逻辑证据链，通过这样的虚构从公司套取资金。当然，套取资金后，某些有良心的人会用这些资金形成“小金库”，用于特殊用途或员工的补充福利，而另一些人则直接装入自己的腰包。

（二）虚构原始凭证

相对于完全虚构事实，虚构原始凭证的情况要稍微好些。有些时候，确实是发生了实际的费用支出，并且员工也自行垫付了资金，但由于发票遗失或者忘记事前审批等其他情况，能够支持其正常报销的原始凭证缺失。这个时候，为了完成报销，员工有可能虚构原始凭证，比如购买发票、伪造审批签报等。尽管从动机上讲，虚构原始凭证比完全虚构经济事实少了那么一点恶劣性，但仍然是我们所认为的财务渗漏行为。

（三）虚构业务金额

还存在一些混搭性质的情况，并且也比较隐蔽，我们姑且称为虚构业务金额。在这种情况下，往往会存在一个基础的经济事实，也就是说，确实有经济开支发生了。比如员工确实出差了，但是在实际报销的时候，员工把住宿金额放大，将住了 5 天改成 10 天，把每天 500 元变成每天 1000 元，这样在一件存在事实基础的事情上虚构了业务金额。这种混搭式的行为也是我们所理解的财务渗漏行为。

二、进化中的财务渗漏

似乎进化论是一个普适的基本原理，在财务渗漏领域也不例外。我们把渗漏的发展分为基础进化、惯性进化、关联进化和突变进化四个阶段。

（一）基础进化阶段

在财务渗漏的最原始阶段，业务人员的渗漏行为往往是偶然的。比如在一次报销中错误地填写了信息，而财务人员并没有发现，这种偶发的渗漏行为就如同取款时，取款机吐出了一堆并不属于我们的钞票，然后我们把这些钞票放进了自己的腰包里。这个阶段我们可以称为财务渗漏的基础进化阶段。

（二）惯性进化阶段

当给了可以犯错误的机会后，总有一些人会把这种偶然行为转化为一种惯性行为。有少部分人会尝试利用财务控制中的一些漏洞，习惯性地占一些小便宜，甚至慢慢演变成主观故意的恶劣欺诈行为。但这种行为还是被控制在了个体单位内。这个阶段我们不妨称为财务渗漏的惯性进化阶段。

（三）关联进化阶段

再往后，贪婪是很容易被放大的，由于个体渗漏的成功率是建立在后续控制环节失效的基础上的，很多时候并不那么容易成功。把最重要的控制环节——主管领导，纳入自己的渗漏计划里往往能够迅速获得更多的成功机会。由于业务真实性的控制已经失效，只要后续能够伪造证据，就很容易完成渗漏。这种现象放大了渗漏的频率，我们不妨称这个阶段为财务渗漏的关联进化阶段。

（四）突变进化阶段

关联进化阶段的渗漏还是有一定的限制的，毕竟要想获取各种支持证据并不容易，虽然渗漏频率增加了，但尚未造成金额的放大。但如同生物的进化，总有一些个体会发生基因突变，形成具有显著差异的物种。在渗漏的进化之路上，有那么一些不满足于当前阶段的渗漏者扩大了他们的小圈子，通过将支持财务开支的证据链条上更多的环节纳入渗漏俱乐部，实现了端到端的渗漏能力，不求高频，只求金额大。我们将这个阶段称为财务渗漏的突变进化阶段。

三、财务反渗漏的进化与面对的难题

事实上，在传统模式下，财务渗漏对我们提出了不容忽视的挑战。与渗漏本身的进化一样，财务人员的反渗漏手段也一直在努力的进化中。

在早期，财务人员的反渗漏手段是“靠经验”。在这个阶段财务人员通过长年累月的积累，形成了反渗漏的敏感性。有经验的财务人员看到报账单据，多少能形成一些职业敏感性判断，靠经验抓舞弊成为财务人员的骄傲而又是无奈之举。毕竟，经验的形成并不是那么容易的，没有大量的一线实践是很难形成这样的能力的。

到了下一个阶段，随着财务信息系统的建立，财务人员的反渗漏手段从“靠经验”进化到“靠数据，靠逻辑”的阶段。随着信息系统的建立，能够相对容易地对财务数据进行各种视角的分析。如同对财务报告的分析性复核，在反渗漏方法上，通过对大量数据的各种加工，有可能发现隐藏在数据背后的逻辑问题。而这些存在逻辑冲突的线索，往往能够帮助我们找到潜在的舞弊案件。“靠数据，靠逻辑”的进化帮助我们在反渗漏的道路上迈出了一大步，但是仍然不得不正视，与快速进化的渗漏技术相比，我们还是跑得太慢了。

（一）数据分析的资源有限

不得不承认，靠财务人用 Excel 或者简单的 BI 工具确实能够解决不少问题，但是面对报销这样的海量高频数据时，这点数据分析资源还是捉襟见肘。由于反渗漏的数据分析是一种线索发现的分析，和常规的数据报表是不一样的，这要求我们通过大量的数据、大量的分析尝试来发现线索。对于财务人来说，进行一两次专项分析问题不大，但要是把这件事情变成常规工作，估计很多财务人撞墙的心思都有了，这哪里还是“高大上”的反渗漏数据分析师，整个就是一个“数据码农”。

如何突破数据分析的资源瓶颈必然成为摆在财务人面前的难题。只有通过技术手段突破数据分析的瓶颈，才有可能在未来展开更为丰富和复杂的反渗漏行动。

（二）复杂逻辑难以设计

在进行财务反渗漏的过程中，依靠逻辑来发现线索本身就是一件很困难的事情。实际上逻辑的设计类似于数据建模的过程，要想有效地发现复杂渗漏的线索，模型就必须构建得足够复杂。然而，人脑处理逻辑的复杂性是有限制的，当逻辑层次超出了人们的理解范围后，就很难再依靠人的认知能力来进行逻辑分析，发现渗漏线索了。

因此，如何突破人的逻辑局限，找到不易发现的隐藏逻辑或复杂逻辑，成为财务人反渗漏的重要挑战之一。

（三）关联渗漏无能为力

在反渗漏的战斗中，财务人最无能为力的场景就是面对关联渗漏。所谓的关联渗漏是指舞弊的行为被分散在不同的单据、时间甚至不同的子公司中。在这种情况下，财务人的分析发现能力很难跨越单据、时间和公司这些天然的屏障，这也成为很多渗漏者的舞弊乐园。

不难看到，财务在反渗漏的进化中是迟滞于渗漏进化的。特别是在过去很长一段时间内，技术手段无法突破成为最大的挑战。值得庆幸的是，在智能时代，这一状况有望改变。

四、智能时代反渗漏技术的智能进化

智能时代的到来，让我们面对亟待进化的反渗漏局面时找到了突破的转机。大数据与机器学习技术的发展，让财务有机会在反渗漏的场景中尝试应用这些新技术。下面我们一起来看看基于规则模型与监督学习模型、非监督学习模型、SNA 社会网络三种形式的智能风控所带来的反渗漏升级。

（一）基于规则模型与监督学习模型的智能风控

事实上，基于规则的反渗漏与基于数据和逻辑的反渗漏的思路是一致的。核心差别在于能够用信息系统来运行复杂的规则模型，而不是靠人进行分析。当然，你可能会说，现在就能够把规则植入系统中，和智能技术有什么关系？

说得没错，很多人会陷入一个误区，认为人工智能到来了，要用复杂的思维去取代简单的规则处理。实际上，正确的做法是尽最大的可能在应用人工智能技术之前采用规则处理，基于规则的系统处理的成本更低并且高效。但是，在当前的技术条件下，采用规则处理有两个难点，一个是支持规则处理的数据不足；另一个是规则本身的设计困难且复杂。

而智能技术的出现，恰巧在这两个方面提供了支持。大数据技术的出现，让我们能够管理更庞杂的和非结构化数据。这些越来越大的数据让我们有机会应用更复杂的规则模型来发现渗漏线索。比如在今天，我们可以使用 OCR、众包等多种形式，获得大量的与经济事项相关的数据进行管理，也可以从社会网络中获取与供应商、员工相关的大量信息来发现潜在的渗漏线索。另外，机器学习中的监督学习模型能够帮助我们将大量的人工审核方法转化为机器规则，从而实现自动化的规则反渗漏审核。

在基于监督学习的机器学习模式下，我们可以将长期以来基于人工反渗漏作业的单据作为学习训练的基础，通过对单据的特征进行数据化，并对这些单据是否存在渗漏情况打上标签。监督学习模型能够利用大量具备特征和标签的训练题，进一步提炼规则。这些新的规则植入系统后，作用于新发生的业务单据，分析其是否存在渗漏的可能，这将有助于解决“规则建立困难”的问题。

（二）基于非监督学习模型的智能风控

另一种帮助我们找到渗漏线索的方法是利用机器学习中的非监督学习模型。

从某种意义上讲，非监督学习模型可以理解为机器对大量数据进行自主聚类分析的过程。机器系统并不关心数据本身的含义，它将数据按照特征的相似性进行分类。在这种情况下，我们不难想象，对于大多数“正常”的单据来说，它们会具有相似性，能够被非监督学习模型归集到非常相似的大圈圈里；而那些可能存在渗漏行为的“不正常”单据，则有可能出现在特定区域的小圈圈中。通过这样的可视化分析，能够帮助我们进一步将渗漏调查的对象聚焦在这些另类的小群体单据中。

“非我族类，其心必异”正是基于这种思维导向，非监督学习模型在技术上的支持，让我们有可能突破数据和逻辑分析的局限，找到在传统模式下看不到的渗漏风险。

（三）基于SNA社会网络的智能风控

最后，我们要对付的是最无能为力的关联舞弊。人的思维能力很难发现跨越时间和空间的关联性。在大数据技术的支持下，通过构建社会网络的方式来发现渗漏风险，这成为解决关联渗漏的创新思路。

那么，什么是SNA社会网络反渗漏呢？我们可以理解社会网络是指利用企业内部财务相关经济事项的各个关联主体之间的相互关系构建的一个关系网络。在这个网络中，有公司的员工、员工的审批领导、供应商、供应商的股东、供应商与公司内的其他关联人等。通过筛查社会网络中可能发生渗漏行为的主体规律特征，来识别利用传统反渗漏技术难以发现的渗漏行为。在社会网络模型中，集成了筛选、统计、时间还原、风险节点关系分析、可视化关联分析等模型，能够更加快捷、有效地帮助财务反渗漏分析师发现潜在的渗漏风险。

在实际的应用中，我们可以以报销单据为核心向外扩展，通过员工、审批人、供应商等多个要素之间的关联关系，跨越空间和时间构建起网络。在这个网络中，我们试图寻找所谓的“黑节点”。“黑节点”是指通过其他技术方式发现的有问题的单据、人或供应商。一旦出现了“黑节点”，我们就有理由怀疑在这个网络中存在其他的“被污染节点”，这种从网络和“黑节点”视角出发的渗漏发现方法往往能够以点带面地发现问题，并且将深度隐藏在空间和时间掩体后的渗漏行为挖掘出来。

在实际构建SNA社会网络模型的时候，通常需要经过节点确定和数据提取、节点数据清洗、关联关系匹配、生产网络等步骤。而在这个过程中应尽量减少数据不足、垃圾数据过多、数据冗余等问题对网络质量的影响。

反渗漏技术即将进入智能风控时代，这让我们在面对高度进化的渗漏势力时有了一战之力。财务人需拿起智能风控的武器，赢得战斗的胜利。

第九章　智能时代业务财务创新实践

第一节　智能时代业务财务框架详解及智能增强

业务还是那个业务，财务还是那个财务，但业财却不是那个业财。智能时代业财深度融合，构建统一会计引擎，描绘海外财务新版图！

本文是由 CFO 基础能力框架展开的第三部分内容——业务财务框架。业务财务的提出为国内财务管理水平的提升注入了强大的活力，也是传统财务向新型财务转变的重要一步。业务财务的核心理念是希望财务队伍能够从自己的专业领域走出去，成为业务部门的合作伙伴，能够站在业务的视角及业务与财务专业的交集区域，开展财务管理活动。

但是长期以来，业务财务的概念并没有相对标准的细分定义，导致每个公司对这个概念的理解或多或少都有一些差异，从而在实务中对于如何设置业务财务队伍、如何发挥这支队伍的价值等都产生了一定的困扰。下面我们从业务财务的不同角度来解析，看看业务财务在不同领域都可以做些什么，以及在智能时代能够获得怎样的技术支持。

一、产品财务管理

（一）框架详解

产品财务管理框架详解，如表 9-1 所示。

表 9-1　产品财务管理框架详解

项目	说明
产品规划及投资财务管理	能够积极主动地参与到产品前期规划和投资阶段中，从产品设计成本管理的角度对产品规划提出财务视角的专业意见。能够对产品的投资预算、投资回报、成本策略、目标设定、利润预测、产品组合投资策略等展开专业分析。积极参与产品经营分析会议，从产品线全生命周期视角为管理层提供决策支持

续表

项目	说明
产品研发财务管理	能够针对各个重要的产品线，组建研发财务管理队伍。能够在产品研发的过程中对研发成本进行深入的管理，从财务视角对研发效能的提升，研发过程中的物料、费用、人力等成本的精细化管理进行积极主动的管理干预
产品周转管理	能够从产品全生命周期视角，提供对产品周转情况的财务分析和主动管理支持。能够基于产品维度，对材料采购、库存和应收管理等全过程展开产品周转管理
产品质量成本管理	能够推动产品线建立质量成本管理和评价体系，提高质量成本管理的意识。能够从产品预防成本、鉴别成本、内部故障成本、外部故障成本等方面，展开主动的质量成本分析和管理动作。能够协同专业财务职能，建立质量成本核算体系。能够在事前展开质量成本规划评价，事中进行质量成本管理控制，事后进行质量成本在不同细分产品中的评价分析，并在考核中加以应用
产品最佳财务实践管理	能够在不同产品线中发掘产品财务管理的最佳实践，将最佳实践总结为案例，并形成方法、工具、模板。通过培训、案例、报告、经验推广等有效形式，从全流程的角度揭示问题、预警风险，获得产品线对财务管理的有效反馈，并从财务视角积极推动各个产品线改进落实，实现各产品线财务管理能力的全面提升

（二）智能增强

在产品财务管理方面，单纯从财务的角度来说，能够实现智能增强的范围是有限的。

在产品规划和投资管理方面，基于今天的信息条件，更为广泛的数据和信息获取能够帮助我们更加有效地模拟预测产品未来的经营情况。

在产品最佳财务实践管理的推广方面，可以尝试使用一些新的技术手段来加强培训的效率和效果。在传统模式下，通常需要通过开发课程、面授推广的方式来传播最佳实践。而在今天，我们可以考虑采用更丰富的形式，如网络直播、碎片化学习等，借鉴“混沌大学”“得到”等新的学习模式的优点。

物联网的发展使我们能够更好地跟踪实体化产品的市场投放数据，通过经营分析获得如产品的使用情况、用户的反馈情况等更有价值的数据。

相比财务本身来说，业务财务更需要关注的是企业产品本身在智能化领域的发展。对于产品财务经理来说，需要能够紧跟智能时代的新技术与企业自身产品的结合情况，能够对涉及智能技术的新产品实现优化资源配置判断，能够应用智能技术建立新的产品规划和投资的财务评价模型，实现和传统产品评价同样的标准，甚至更好的评价能力，而不是在智能时代完全无法理解业务部门的战略、规划和行动，财务需要成为业务的伙伴，而非拖累。

二、营销财务管理

（一）框架详解

营销财务管理框架详解，如表 9-2 所示。

表 9-2　营销财务管理框架详解

项目	说明
商务合同财务管理	能够提供商务合同准备和签订过程中的财务管理支持，帮助业务团队基于商务资源投入进行快速的合同成本评估，帮助业务部门建立合同报价模型，评估不同商务合同设计对财务指标的影响，帮助业务部门进行商务合同决策
营销及销售费用管理	能够对营销及销售环节的费用投入展开有效的预算、执行控制、分析等财务管理行为。能够针对营销或销售活动，以类项目方式设定资源投入的目标，并基于目标进行资源投放的过程管控，帮助业务部门提升营销及销售费用的使用效率
客户信用及风险管理	能够建立起完善的客户信用及风险管理制度体系，主动进行客户资信调查，建立客户信用评价模型，帮助业务部门进行客户筛选、信用政策制定、合同保障、财务跟踪、催收管理、危机处理等，为信用管理全生命周期提供财务支持
竞争对手财务及经营信息管理	能够帮助业务部门建立起财务竞争情报的分析能力，获得与企业销售市场相关的财务及经营指标数据，获得企业主要竞争对手的财务及经营指标数据，建立起竞争情报支持系统、经营舆情系统

（二）智能增强

大数据技术是营销财务管理的重要助力，能够在营销及销售费用管理、客户信用及风险管理、竞争对手分析等领域发挥重要作用。

首先，在营销及销售费用管理方面，重点关注的是销售资源投放和效果达成的关系，如果能够管理好每一笔销售费用的投入产出，那么销售费用的投入就能得到很好的财务回报。在这一方面，我们可以充分利用大数据在相关性分析方面的优势，基于大量的企业内部历史销售费用投放的数据，以及市场上与企业销售活动相关的各方面的反映数据，获得销售费用投放方案与市场反应之间的相关性分析结果，从而将优质资源向市场反应积极的销售活动方案倾斜。

其次，在客户信用和风险管理方面，能够依托大数据技术更广泛地获取与客户相关的社会化数据，不再简单依赖于客户公布的财务报告信息，而是将客户在社会化活动中所形成的广泛的数据纳入监控范围，基于广泛的客户行为信息、舆情信息，更及时、准确地评价客户信用，建立多视角、全方位的客户信用评价模型。

最后，在竞争对手财务及经营信息管理方面，大数据能够帮助企业建立更加及时、有效的舆情监控系统。基于网络新闻、微信、微博等多种社会化媒体，新的舆情监控系统可以从文字、图片、语言、视频等获得全方位的信息输入，从而更早地发现市场和竞争对手的重要动态，帮助企业及早决策应对。

三、供应链财务管理

（一）框架详解

供应链财务管理框架详解，如表 9-3 所示。

表 9-3　供应链财务管理框架详解

项目	说明
采购财务管理	能够有效地进行供应商的准入管理，对采购过程进行有效的财务成本和风险管控，提供采购流程的财务运营作业支持，提高采购流程中的财务运营效率，对采购活动提供有效的财务分析和决策支持

续表

项目	说明
生产财务管理	能够积极主动地进行生产过程财务管理，建立完善的生产成本管理体系，深入生产的全过程进行成本计划、控制分析等活动。通过积极总结生产环境下的最佳财务管理案例，并加以推广应用，营造成本管理文化环境，推动生产成本优化创新
库存控制管理	能够推动和协助业务部门进行全供应链过程的库存管理，积极介入库存计划管理，帮助业务部门优化库存周转，提升库存利用效率。能够积极主动地进行库存价值管理
配送物流财务管理	能够对企业供应链中的配送物流进行有效的财务分析和评价，帮助业务部门构建配送及物流成本模型，通过推动业务部门对路线、仓储、运输方式等物流要素的优化来进行物流成本优化
分销财务管理	能够对分销渠道展开相关的财务分析，从财务视角进行渠道的收入、成本管理，提高分销渠道信息的可比性，帮助业务部门优化渠道选择和渠道管理

（二）智能增强

供应链管理本身是一个相对成熟的管理领域。特别是在 ERP 系统出现后，企业的供应链管理能力得到了大幅度的提升。在智能技术方面，物联网技术将为此领域财务管理能力的提升提供潜在的机会。

在物联网技术快速发展后，越来越多的企业使用物联网来跟踪其供应链的全过程。从原材料到在产品、产成品，直至后续产品的库存、配送物流及客户使用，物联网能够跟踪到每个环节的大量位置信息。对这些信息的获取，能够让我们即时获得清晰的物料及产品的库存、流转、物流情况。其一，供应链财务能够利用这些信息替代盘点，甚至也能为相关的会计核算提供更好的自动化支持；其二，能够利用这些信息优化库存价值管理，减少呆滞库存的出现；其三，配送物流数据信息对于优化配送物流成本也有重要的作用。

在未来，物联网信息和财务的有机结合势必会改变供应链财务的管理模式。

此外，在采购管理方面，通过将采购财务管理前置于业务处理，能够实现更好的管理效果。如采用类电商的模式在企业内部推动采购管理，能够实现整个采购过程的透明化和自助化，更好地推动业财全流程的融合。

四、项目财务管理

（一）框架详解

项目财务管理框架详解，如表 9-4 所示。

表 9-4　项目财务管理框架详解

项目	说明
研发项目财务管理	能够以研发项目为单位进行全过程的财务管理。在项目立项前，进行研发项目立项的财务评价。在项目立项后，设立项目财务目标，进行项目的概算、预算、核算、决算的“四算”管理。重点关注研发项目的设计成本管理、研发材料管理、研发费用管理、研发效能管理等专题领域
市场推动项目财务管理	能够针对市场推动型项目，设定清晰的项目目标及评价标准，对市场推动进行有效的预算管理，建立起立项、兑现、动支和报销的全过程项目财务管理。重点关注市场推动的效果达成相关的财务分析
售前 / 销售项目财务管理	能够对售前项目、销售项目建立完善的预算审批制度，严格控制项目费用的执行与使用。重点关注佣金、手续费的投放管理，基于销售活动的特殊性，管控销售活动中的财务道德风险
工程项目财务管理	针对工程项目的复杂性，配置专业化的工程项目财务团队，以工程项目专业知识为基础，完善项目的概算、预算、核算、决算的“四算”管理。重点关注工程项目中的工程资金管理、工程物资管理、工程成本管理等重要财务管理环节
实施交付项目财务管理	能够根据实施交付项目的特点展开完善的财务管理支持，针对实施交付项目中的人力资源投入计划展开相关的财务成本管理。重点关注项目延期交付和范围溢出导致的成本失控风险

续表

项目	说明
管理支持项目财务管理	能够对企业内部的各类管理支持活动的配套项目积极主动地进行财务管理，在项目立项过程中应设立财务评价标准，设定项目的投入产出目标，加强项目过程中的成本支出和目标达成的匹配分析，在项目完成后进行相应的财务评价和考核，优化项目的目标达成效果

（二）智能增强

实际上，针对项目管理，我们更建议推动其系统化建设，针对不同类型的项目建立差异化的前端业务管理系统。将财务与业务紧密结合的部分内置于前端项目管理系统中，而针对项目财务管理通用的部分，则可以考虑建立统一的项目财务管理平台，对接各类前端专业化项目的业务管理系统，打通业财壁垒。

与项目相关的业务及财务系统的建立尽管并不高度依赖于智能化技术，但对于很多企业来说，这项工作仍然是企业财务信息化建设中的薄弱环节。基于现有的信息化技术，实现项目过程的信息化管理是很多企业的当务之急。

五、海外财务管理

（一）框架详解

海外财务管理框架详解，如表 9-5 所示。

表 9-5　海外财务管理框架详解

项目	说明
国家财税政策管理	能够针对不同的国家和地区建立相应的财税政策管理模式，在一个国家和地区范围内建立满足当地监管要求的完善的财税体系。对各国家的财税政策进行全球范围内的集中归档和持续补充完善，形成全球范围内的持续的财税政策积累
海外机构综合财务管理	能够针对海外机构创建设立标准化财务管理体系的模板，从组织、流程、系统、制度、运营管理等方面实现财务管理在海外机构的快速部署和落地。能够在总部对全球范围内的机构实现及时、有效的管理监控，也能够基于海外专业平台和共享平台对海外机构提供有效的支持

（二）智能增强

海外财务管理是财务管理从国内向海外的延伸，因此，可以总结智能化技术在其他财务管理模式领域的应用模式，并向海外进行覆盖。

但对于海外机构来说，要在国内财务管理向智能化转型过程中同步受益，就需要积极推动国内各类有价值的财务信息系统以及管理模式、管理平台在海外的落地应用。这就需要无论是企业在国内面向海外的管理机构，还是海外机构本身，都要积极推动各类管理系统、管理模式、管理平台的全球化，如在语言、文化、运营模式等方面充分考虑到不同国家和地区的特殊情况，力求实现统一平台的全球覆盖和应用。

六、业务财务一体化管理

（一）框架详解

业务财务一体化管理框架详解，如表 9-6 所示。

表 9-6　业务财务一体化管理框架详解

项目	说明
业财一致的制度及流程管理	能够建立起保障企业集团内部业务财务一致性的管理制度，加强业财核对，积极推动业财一致保障流程的设计、落地和优化
业财对账管理	能够进行有效的业财对账管理，通过日常对账提高业务数据与财务数据的一致性，出具对账差异的相关报表，积极推动业务和财务双方共同定位和解决问题
业财一致性管理	能够积极推动业务和财务的系统化，努力实现双方系统之间的数据对接，从而实现业务和财务的自动对接，提升一致性水平。同时，从财务的角度积极推动前端业务流程的自动化、系统化，提升业务系统的数据质量，从而进一步提升业财一致性水平

（二）智能增强

针对业财一致性的管理，可以从两个方面来考虑智能增强。

一方面，对于复杂的企业集团来说，前端的业务系统众多，且业务系统建设情况不一。如果将业务系统与财务系统对接，以及会计凭证的转换生成工作分散于各个不同的业务系统中，则会形成财务与业务之间众多的数据衔接点，而且数据质量也难以保障。因此，考虑建立统一的会计引擎，实现财务核算与业务系统的一对多的对接关系，通过建立标准化的会计引擎提升业财一致性水平。

另一方面，区块链技术又将对业财一致的保障模式带来根本性改变。在技术条件允许的情况下，可以在业务系统与财务系统底层搭建区块链账簿，实现业务与财务系统多方共享记账机制，这将有可能实现记账即对账。

在这种模式下，业务系统发生的每一笔交易都会同步记录于业务系统和财务系统的底账平台，如果涉及内部交易或集团内关联交易，还可以实现交易各方的业务系统与财务系统的同步记载，这也间接地解决了内部往来和关联交易核对的问题。

当然，搭建一个覆盖所有内部系统的底账平台并不是一件容易的事情，涉及大量的底层数据的清理和改造。对于业务来说，识别各个系统中影响财务结果的原始业务数据本身就是一个困难且庞大的工程。而区块链技术所需要的高冗余资源，也是需要面对和平衡的事情。

第二节　智能时代布局海外财务管理

“出海”对于中国企业来说已经不是一件新鲜的事情。今天，中国企业已经具备了在国际舞台上参与竞争的实力，如华为在人口百万以上的国家都已经实现了分支机构的布点，不少中国公司也积极地开始了海外并购。中国企业正在进行全球化布局，构建全球战略协同能力，必然会在科技兴邦方面获得更好的成绩。而全球化也正在成为智能时代不可或缺的关键词。

在这样的背景下，这些走出去的企业的财务管理水平也必须能够跟得上企业的发展需求。但实际上，很多企业财务在国际化的进程中面临着极大的挑战，在短时间内难以找到清晰的财务管理建设方向。走向海外是一个长期的、面临重重挑战的过程，做得好的大公司无不经历了几代财务人的不懈积累。这里，笔者站在一个曾经出海的公司中旁观者的角度，给在“出海”过程中苦苦摸索的企业提供一些经验。出海期盼的是捕鱼的丰收，用“结网海财”祝出海的企业收获成功。

海外财务的大网可以通过五个关键节点编织而成：①绘制海外国家财务模式；②实现海外风险导向的流程标准化；③构建海外财务经理能力模型；④推动海外财务系统的择优统一；⑤打造海外财务专业支持平台。

一、绘制海外国家财务模式

当走出去进入全球环境的时候，企业很难迅速把握海外国家的全面情况。面对陌生的国家、陌生的语言、陌生的文化、陌生的商业环境，海外财务工作的开展极富挑战。如何解决呢？绘制海外国家财务模式是一条可行之路。

绘制海外国家财务模式通过研究不同国家的商业管理、会计、税务、资金等方面的差异化情况，有效控制企业进入某个国家后面临的财务管理风险。当完成了国家财务模式的绘制后，企业能够做到游刃有余，一旦进入一个国家扎根后，基于之前绘制的国家财务模式，后续人员更替工作将变得更加轻松。

绘制国家财务模式需要遵循一定的方式和方法，可以通过“四步走”来实现国家财务模式的绘制。

（一）确立海外投资主体

企业走向海外的第一步是在海外构建主体机构，其构建方式包括投资设立和并购。因此，走出去的企业可以考虑基于公司投资策略，通过自主调研或借助中介，确定海外投资主体，进而完成相关投资或并购工作，最终设立主体。在这一过程中，财务将发挥重要作用，很多工作都需要财务部门的深度参与。

（二）进行国家调研

当企业完成海外主体的设立后，下一步就是如何了解和融入当地环境的问题了。与项目的开展类似，前期的现状调研是不可或缺的。由于在陌生环境中企业难以独自摸索现状，借助本地化的第三方力量能够获得很好的效果。如果注意观察，就会发现外资跨国公司进入中国的动作也是一样的，它们会聘用跨国中介公司在中国的分支机构的人员来协助进行调研，帮助它们了解中国各方面的情况。因此，与当地财务或中介机构合作进行财务相关调研，是走出去的企业了解新进入或已进入国家更为行之有效的方法。

（三）确立国家财务模式

当完成调研后，就能够从容地开展后续工作了。第一时间应当考虑的是如何将调研过程中的经验教训，以及调研的收获尽快记录下来，并形成我们所说的国家财务模式。对于国家财务模式来说，需要从所在国家的会计、税务和资金管理等多个方面落实其差异化特点，并针对该国家建立财务模式档案。一份详细、完善的国家财务模式档案是企业宝贵的信息资产。在后续的人员更替和新设机构中，国家财务模式档案能够让企业少走很多弯路，更高效地完成相关工作。

（四）落地海外财务管理

最后，企业可以依托国家财务模式档案，有序开展财务管理工作，从新进入的忙乱状态进入稳定健康运营的财务工作状态。当然，需要注意的是，国家财务模式档案的编制并不是一次性的工作，需要进行持续优化，及时更新政策信息，保证财务工作的可延续性。

二、实现海外风险导向的流程标准化

与国内相比，海外的财务管理有太多的未知和不确定性，即风险更高。所以，每个走出去的企业都需要认真地对待风险管理，避免出现重大的财务风险事故。如果要做到这一点，不妨尝试从两个方面入手：一方面，流程标准化，降低差异化带来的流程管控风险；另一方面，在流程中嵌入风险管理，实现风险导向的流程标准化。

（一）提出“什么会出错”的问题

（1）基于对流程和交易的理解，思考在重要流程中可能发生重大错误的节点，并据此发现风险点。（2）确定流程中所涉及的具体风险点，并进行重要性排序，为后续有针对性地采取措施奠定基础。

（二）编制国家间“标准又差异”的流程手册

（1）这是一个标准化与差异化并存的手册，需要从流程的角度寻求标准化，以减少不必要的管理成本，但同时要兼顾国家之间的实际差异，针对不同国家设定差异化的流程。（2）在流程中植入风险控制，可以考虑使用操作风险管理工具，在流程中嵌入风险监控点，并设定风险点的监控规则和风险发生后的应急处理方法。

三、构建海外财务经理能力模型

企业想深扎海外，一支素质优良的海外财务经理队伍是不可或缺的。然而，海外财务经理队伍的建设并不容易。企业往往处于一个很尴尬的局面：一方面，海外财务经理对员工能力的要求很高，需要选择优秀的人才出海，但实际能达到要求的候选人并不是很多；另一方面，由于企业在海外短期外派更换人才的成本很高，通常需要外派人员有一定的稳定性，这就使得优秀人才在决策是否前往海外时顾虑重重，通常更倾向于选择国内更好的发展机会。对于第二个问题，很多企业通过高薪和高补贴的政策来吸引员工出海，这也是一个好的解决办法。

而针对第一个问题，企业要考虑的是如何找到适合出海的优秀人才。要在公司层面建立以海外财务经理为核心的人才团队，首先就需要清晰定义其工作职责和能力模型。

那么，海外财务经理都需要有怎样的角色？又需要达到怎样的能力要求呢？

从岗位设置来说，海外财务团队通常由国家财务经理、海外业务财务和海外专业财务组成。国家财务经理是海外财务团队的核心，也是团队负责人。而业务财务和专业财务的职能与国内的岗位并无显著差异，但需要顾及当地国家的实际情况，协助国家财务经理完成相关工作。

对于海外财务团队来说，其人员的核心技能包括：语言能力、专业能力、项目管理能力、协调能力、沟通能力、问题解决能力、风险管理能力等。但不得不说的是，这些都是摆在明面上的能力，而在背后，需要的是耐得住寂寞的能力、承受孤独的能力。由此可见，优秀的海外财务经理是难得的，需要企业花费更多的资源和精力寻求或悉心培养。

四、推动海外财务系统的择优统一

在企业布局海外的过程中，另一个难点是财务信息系统的建设。如果企业选择在海外循序渐进、耕耘布点，实现财务信息系统的统一还是相对容易的，毕竟可以慢慢把国内的系统推广出去。但即使这样，企业在快速进行海外布点的时候，也往往选择使用当地的财务系统来进行过渡，最终需要面临二次整合的过程。

而对另一类企业来说，情况则更为复杂，它们通过在海外进行投资、并购的方式出海，在并购过程中，融合的企业往往都带有自己的财务系统，实现系统统一尤其复杂。好在如 Oracle 和 SAP 这样的套装软件在全球市场占有大量份额，很多时候它们要做的也就是在并不多的产品中择优整合。当然，具体的情况还是有些复杂的。

对于海外主体的财务信息系统有三种可选方案：第一种是使用例如 Oracle 或 SAP 等全球化程度较高的系统；第二种是使用所在国家当地主流的财务系统；第三种是使用自主研发的财务系统。

企业在决策时，需要整体评估是否存在能够在全球范围内推广的优秀的财务信息系统。如果有，则不妨选择该系统进行全球统一，并提出标准化的实施要求。如果没有，则可以考虑以下几种方案：方案一，公司统一购买并部署一套能实现全球化标准部署的系统；方案二，公司针对自身的行业情况，研发一套系统并进行全球部署，这种模式是极具挑战性的，对研发者的产品化能力和全球化能力要求极高；方案三，一种被动的选择，也就是保持现状，在各国家沿用当前的财务信息系统。

财务信息系统的统一和标准化是一个明确的目标和方向，管理者也应当致力于向这个方向推进。当然，很多时候无法实现一蹴而就，很可能会面对一个比较长的过程。

五、打造海外财务专业支持平台

在海外布局还需要考虑如何构建有效的财务管理支持平台。一个高品质的支持平台，能够让企业的出海之路更为顺利。

在企业海外布局相对简单的时候，可以通过在每个国家建设团队的方式来构建当地的支持能力。但是当海外财务队伍具备一定规模后，高昂的财务出海成本迫使企业必须考虑进行平台建设。

在平台建设方面，具体可以考虑打造海外业务财务平台、专业财务平台，并结合全球共享服务，提升在海外可持续发展的能力。

（一）海外业务财务平台

海外业务财务平台的核心职能是支持当地主体机构顺利地开展业务经营，并基于当地的实际环境，给予管理层以财务决策支持。在海外业务财务平台中可以配备国家财务经理，并在此基础上根据所涉及的价值链环节，配备相应的业务财务经理，如物流财务经理、售后财务经理、项目财务经理等。

（二）海外专业财务平台

海外专业财务平台主要是从财务专业的角度支持当地的财务专业业务，包括海外流程管理、海外信息系统支持、海外团队管理、会计管理、税务管理、海外资金池管理等职能。海外专业财务平台中的人员的专业能力需要能够适应不同国家的特性，特别是在政策法规方面，需要有极强的属地化适配能力。当然，语言、文化沟通也是重要的支持基础。

（三）全球财务共享服务平台

海外业务财务平台通常是基于国家配置的，专业财务平台可以基于国家或国际片区来配置，而共享服务平台则可以通过单点或多点配置，实现全球的集中管理。全球财务共享服务平台涉及报账、核算、结算等服务，但和国内的共享服务平台不同，需要支持多语言、多时区，并能够基于不同国家和地区的政策法规开展业务运营。

第三节 智能核算：支撑业财高度融合的统一会计引擎

在今天“业务财务一体化”已经不是什么新鲜的话题。所谓的“业务财务一体化”，就是需要财务能够理解业务，深入地参与业务前端的管理活动，为业务部门提供有效的经营决策支持。但是，我们也必须看到，业务财务一体化并不是建立在空中的楼阁，要想真的做到这一点，有一个牢靠的地基非常重要。那么，这个地基是什么呢？在我们看来，业务信息向财务信息高效、自动化、无差错地转换就是这个地基。但遗憾的是，看起来简单的一件事情，想要真的做到还是有着不小的挑战。会计引擎的出现，将帮助我们有机会去尝试解决这一问题。

一、业财高度融合的挑战

业务与财务的高度融合一直是业务财务管理领域大家高度关注并期待能够解决的重要研究课题。要实现这一点，需要打下坚实的数据地基，只有存在这样的基础，财务才有可能使用口径丰富且内涵一致的财务信息向业务部门提出有效的经营决策建议。在实现这一目标的过程中，我们面临着三个重要的挑战：业务财务双语言的挑战、业务财务系统集成的挑战和业财数据不一致的挑战。

（一）业务财务双语言的挑战

业财融合的基础在于业务信息向财务信息的转换。如同人们在交流过程中所进行的语言转换，一个以英语为母语的人，在没有接受过汉语教育时，要和一个讲汉语的人深度交流是非常困难的。同样，对于业务信息来说，它更多时候是伴随业务系统在进行业务交易处理的过程中产生的。这些信息在没有经过很好的整理和标准化之前，本身作为一种语言是很难进行直接解读和理解的，更不要说转换为财务的语言了。值得庆幸的是，交流的另一方“财务”由于较早地建立起了规范化的信息体系，让我们在这个过程中构建了一套会计语言。基于会计准则，以会计凭证为记录载体，以财务报表为信息展示的载体，我们能够比较轻松地理解财务、会计的信息。至少，会计人员根据他人编制的会计分录，能够理解其背后发生的经济事实。

在这种情况下，挑战主要来自业务端的信息。如同一门语言，如何让业务信息可读、可理解为摆在我们面前的第一个门槛。而更为重要的是，我们还需要在业务语言和财务语言之间准备一个翻译器，从而让业务信息能够自动转换为财务信息。

（二）业务财务系统集成的挑战

第二个挑战来自信息系统的集成。我们很难想象如何在一家业务系统、财务系统都是高度孤立的企业中实现信息的集成。这就如同一个村落里全是自闭症人群，然后还要求这些人之间能够做到无缝交流。

还是以语言举例。假如村落里有两群人，一群人讲英语，另一群人讲汉语，要实现整个村落中信息的充分流通，不仅要打通英语和汉语之间的语言割裂，在这之前，首先要解决如何实现自闭症人群的沟通问题。

所以，讲到这里，我们能够看到，信息系统之间的打通是构建业财融合的根本，不仅仅是业务系统与财务系统之间的打通，还包括业务系统内部相互间的打通和财务系统内部相互间的打通，而这正是当前很多企业不得不面对的另一个重大挑战。

（三）业财数据不一致的挑战

第三个挑战来自业务和财务的数据不一致。即使信息系统之间实现了集成，但仍然不得不面对业务与财务数据是否能够保持一致的问题。信息系统之间产生数据不一致的情况有很多。由于在业务系统中更多的是明细数据，而财务系统的数据则存在合并记载的情况，这使得业务系统与财务系统之间出现总分核对的问题。如果缺少有效的数据核对和校验机制，就难免出现业财不一致的情况。而有些时候，业财一致性的挑战还来自系统之间接口的可靠性。由于数据的传递过程将不可避免地出现丢包或重复等技术问题，如果缺乏有效的数据接口校验机制，则很可能也会导致双方数据不一致。

更多的时候业财的不一致是人为导致的，一种情况是核算系统保留了数据直接录入或补录的入口，导致缺少支撑的业务凭证直接进入；另一种情况是数据存在台账入口。最复杂的情况是在链条的最前端出现了缺口，即业务系统并非从源头开始系统化，存在人工数据进入的环节。此外，在全链条中任何允许数据人为修改的情况都会破坏业财的一致性。

二、会计引擎

尽管很难依靠单一的工具或手段来彻底地实现业财的高度融合以及数据的一致性，但有些工具能够帮助我们从某一环节来加以改善，会计引擎就是其中之一。下面我们来看一看什么是会计引擎，以及建立会计引擎有哪些难点。

（一）会计引擎的基本原理

简单地理解，会计引擎可以看作将业务系统语言转换为财务语言的翻译器。对于一个翻译器来说，如果要让它运转起来，首先要能够实现语言的输入，然后基于所输入的语言，通过一系列的语法分析以及规则转换，将其形成新的语言再输出。当然，这里所讲的翻译是基于文本信息的，如果是基于语言的处理，那么最大的难点将转变为在输入环节如何让计算机能够听懂且理解人类的语言，并将这些语音信息转换为文字。

我们可以参考类似的方式，用会计引擎来解决问题。首先，需要从各业务系统中获取业务系统数据的输入。在这个过程中，我们必须意识到，会计凭证是企业各类经济活动结果的反映。在这种情况下，能够支撑进行财务语言转换的前端业务系统的涉及面也必然是广泛的。当建立了业务系统与会计引擎之间的数据接口后，就形成了类似于翻译器的语言输入过程。接下来，要做的事情是语言的转换。对于会计引擎来说，需要建立一套类似于翻译器中词汇映射和语法映射的规则转换机制。也就是说，要建立业务数据向会计凭证转换的系统规则。

这里有一点和翻译器是不一样的，对于翻译器来说，不管输入什么，都需要被动地接收，并转换为另一种语言进行输出。而对于会计引擎来说，首先是基于会计凭证的数据构成规范来判定需要什么输入，对形成会计凭证无用的数据，根本就不会考虑作为输入。在这种情况下，业务系统根据会计凭证的数据需求提供数据输入，经过预先设定的业务语言向会计语言转换的规则处理后，形成“准凭证”。

所谓的“准凭证”是会计引擎处理后所形成的预制凭证，由于还没有进入总账系统，故被称为“准凭证”。准凭证进入核算系统后，形成正式的会计凭证，最终完成语言输出的过程。

（二）建立会计引擎的难点

从上面介绍中能够看到，会计引擎的基本原理和大逻辑貌似也并不复杂，但是为什么很多企业却没有做到这一点呢？简单的背后往往蕴含着复杂的细节。会计引擎在实际的建设和应用过程中还是存在着诸多难点的。

1. 会计凭证场景的梳理

在建立会计引擎的过程中，最重要的一点就是将所有需要从业务语言向财务语言翻译的场景系统化。通过场景梳理，能够针对每一类需要生成会计凭证的业务场景定义转换规则，这是对会计引擎的基本要求。但在实践中，要做到全面、无遗漏的场景梳理并不容易。场景的梳理有赖于经验的积累，如果无法一次梳理清晰，就必须考虑如何在会计引擎的设计过程中保留足够的弹性，允许我们快速灵活地配置和增加场景规则，从而减少场景梳理复杂性带来的弊端影响。

2. 胖瘦的选择和处理

实际上，对于总账系统的胖瘦之争一直存在。有些企业选择保留原汁原味的业务颗粒度，基于明细业务交易形成会计凭证，并记入总账。这种模式的优势在于具有高度的可追溯性，但弊端在于过大的总账数据存储量将严重影响系统的性能。所以，一些企业选择将业务信息进行合并记账，这就要求会计引擎能够固化合并规则，能够基于合并规则将明细业务数据转换为浓缩的会计凭证。这就如同直接将英文转换为汉语的文言文，如何选择转换的颗粒度，以及如何实现会计引擎合并颗粒度的可配置性，也是难点。

3. 逆向流程的处理

在会计引擎中，还有一个难点在于逆向流程的处理。如同翻译，正向的翻译总是相对简单的，但如果在翻译过程中发生了错误，就需要修正翻译错误的结果，这就是所谓的逆向处理。对于会计凭证来说，逆向流程往往是通过红字冲销以及重新制证的方式来进行处理的。在处理过程中，不仅要考虑到什么样的场景会触发逆向流程，还要考虑到逆向流程的凭证规则，以及相匹配的业务流程关系。在没有考虑会计引擎逆向处理的规范时，在业务系统中往往不会充分考虑到对逆向流程的数据规范支持，而在会计引擎模式下，业务系统必须进行相应的改造。

4. 能否兼顾财务会计与管理会计

另一件需要考虑的事情是会计引擎在解决财务会计问题的基础上，是否还可以用来解决管理会计的问题。解决财务会计的问题是很好理解的。财务会计的核心逻辑是以会计凭证为语言，实现业务信息的转换和记载。而管理会计类似于对财务会计方法的翻译，更适合用于实现分析维度的扩展，无论是收入还是成本支出，基于管理会计规则，实现业务信息多维度的信息转换和记载是没有太大问题的。但如果再考虑管理会计中更为复杂的内容，如动因管理、分摊处理、作业成本管理等，那么仅使用会计引擎来解决就比较困难了。此时，更适合采用专业化的管理会计系统。

5. 可追溯性的保留

会计引擎的最后一个难点是可追溯性的处理。如同翻译一样，我们希望对翻译后的每一句话都能够找到其原始语言下的信息来源，这样便于后续在应用过程中进行信息核对。对于会计凭证来说，也是如此，无论是业财核对还是稽核审计，总是有各种各样的需求，希望能够清晰地追溯会计凭证背后的线索，直至业务源头，而合并形成会计凭证的会计引擎难以实现此需求。由于合并规则的复杂性，使得合并后会计凭证的向前追溯成为难题。如何在会计引擎的设计过程中就预留下追溯机制及线索，是必须认真思考的问题。

三、会计引擎应用现状

当了解了会计引擎的原理以及会计引擎的实现难点后，我们再来看一看当前会计引擎在国内财会领域的应用现状。事实上，会计引擎在我国的发展还处于相对初级的阶段。一方面，会计引擎分散在各种不同的专业化财务和业务产品中；另一方面，会计引擎在我国不同行业中的应用深度也是不同的。

（一）会计引擎分散在各种专业化财务和业务产品中

今天，会计引擎能够实现独立产品化的应用还是鲜有见闻的。多数会计引擎都还隐藏在各种各样的专业化财务信息系统中，甚至直接内置在业务系统中。为什么会是这样的一种局面呢？

我们从会计引擎的发展中能够看到，会计引擎的建立很多时候是被动的，首先是财务有了会计核算的要求，在没有建立业财对接的情况下，传统财务是依靠手工录入凭证的方式来实现业务语言向财务语言转换的。随后，有人意识到，一些业务系统是有机会直接和财务进行对接的，而在针对某个专业的财务系统（非总账系统）和业务系统对接的过程中，使用翻译器，也就是会计引擎能够很好地处理这个对接过程，这就使得在一些专业的财务系统如费用报销系统、资金系统以及业务系统中分别搭建了会计引擎。最终形成的局面是在企业内部各财务、业务系统中，都或多或少地蕴含一些形态各异、功能差别较大、成熟度不一的会计引擎模块。

分散在各专业的财务或业务系统中的会计引擎模块，往往都是针对差异化的特定场景开发的，在建设过程中并不需要进行复杂的模型抽象，也因此使得此类会计引擎比较容易实现。

（二）会计引擎的行业应用深度不一

从另一个视角看，会计引擎在我国各行业应用实践中的差异较大，在其应用领域存在着一些优势行业。

对于大多数行业来说，会计引擎的应用主要还是简单地集中在费用报销和收付资金上。在过去数十年的发展中，很多企业都建立了电子报账系统和资金管理系统，而作为标配的系统功能，简单的会计引擎被内置于这两类系统中。

但在某些行业中，会计引擎不仅被应用于专业化的财务系统中，还在业务系统中实现了更为广泛的应用。比较典型的行业有金融业、零售业、电信运营业等，在制造业生产制造过程基于 ERP 的高度集成，也能理解为某种意义上的会计引擎。

例如，在保险行业中，其核心业务系统里通常会设有“收付费”系统，此系统本质上就是一个行业化的会计引擎产品。保险收付费系统会汇集客户承保、理赔等各项业务流程产生的业务信息，基于业务信息进行规则转换和合并处理，形成会计凭证。由于业务交易量庞大，往往很难基于保单级的单位进行明细记账，合并账务处理成为常见的处理模式。

由此可以看到，会计引擎在不同行业的应用往往存在着一定的特色和定制化场景。

四、统一会计引擎

那么，统一会计引擎又是什么呢？这一概念又是在怎样的背景下被提出的呢？下面我们就简单地来了解统一会计引擎的概念、背景、价值、建设难点，以及如何在智能化下实现对其的进一步增强。

（一）统一会计引擎

统一会计引擎和传统会计引擎相比，核心就在于“统一”两个字。多数会计引擎都是搭建在其他财务或业务系统中，以一个模块的形式存在的；稍微好一些的，也就是在专业系统中圈下一块地盘，形成一个相对独立的子系统。

而这里所说的统一会计引擎则是希望能够打破其寄生系统的束缚，从各个系统中独立出来，形成一个专业化的系统平台。通过这样的一个平台，形成一个多语言翻译器。也就是说，统一会计引擎的一端对接企业内所有业务系统和专业财务系统，以获得信息输入，另一端对接会计核算系统和管理会计系统，以生成会计凭证并实现财务分析。

（二）建立统一会计引擎的背景和价值

那么，为什么要建立统一会计引擎？其价值又是如何呢？多数企业的会计引擎在信息化建设的过程中以叠加的方式一步一步建立起来，但到了一定阶段后，这种被动建设的多会计引擎模式慢慢成为大型企业集团的负担。很多时候，由于会计引擎建立的时间阶段差异，难以遵循统一的、规范的技术标准，这使得很难有效地监控这些翻译器的翻译质量，也逐渐在这些会计引擎背后埋下了一些隐患和风险。而由于多引擎维护的复杂性，科技人员往往并不敢对这样的平台展开深度优化，随着人员的流失及文档的遗失，长此以往，对会计引擎的维护甚至成为很大的挑战。

因此，一些企业意识到，与其堆砌优化，不如将分散在不同系统中的会计引擎剥离出来，建立一个具有扩展性的统一会计引擎工具，这个工具一方面能够更加有效地支撑当前存量系统和业务单元的业财对接，提升运维质量，降低潜在风险；另一方面能够快速服务于新建立的业务或财务信息系统，以及新成立的业务单元。

（三）统一会计引擎建立的难点

我们必须认识到，统一会计引擎的建立具有一定的颠覆性，无论在前端的设计还是后续的推广实施过程中都存在困难和挑战。

其一，对于统一会计引擎来说，在设计方面的挑战来自各种不同业务场景的抽象和提炼。由于起初对统一会计引擎的定位是对接所有的业务系统，这就要求好的统一会计引擎不仅能灵活支持现有的业务场景，还能支持未来的潜在业务场景。所以对于行业或业务场景并不充分的企业，此项工作很可能在拓展性方面面临很大的风险。因此，统一会计引擎的实践有可能来自一个行业覆盖广泛的大型多元化企业集团，或者来自一个拥有多行业存量客户的独立财务信息化厂商。但对于后者来说，还存在一个极大的挑战——财务信息化厂商往往对不同行业下业务系统的理解不如前者深入。所以，大型多元化集团将更有胜算。

其二，当搭建了统一会计引擎后，在实施的过程中必然要面对存量会计信息的切换问题。事实上，人们对完全新建的事情总是相对放心的，而对从已有向替代品切换的过程反而充满顾虑。在这个过程中，要说服各个业务系统及相关部门将现有的流程切换至新的平台，就必须对新平台的优势、可靠性以及转换风险的应对做出充分的解释，这往往会演变为一场变革管理。

（四）智能化下的统一会计引擎

尽管我们意识到统一会计引擎的建立难以一帆风顺，但同样看到的还有它建立后所带来的价值。而在今天，随着智能化技术的进步，还有可能在建立统一会计引擎的过程中更进一步——借助智能化技术提升统一会计引擎的性能。

如同翻译领域对智能化技术的应用，统一会计引擎可以考虑适当地应用机器学习技术，来辅助完善翻译器的翻译规则，即会计引擎的凭证转换规则。在建立统一会计引擎时，通常将优先基于所积累的经验来设计规则。但面对多行业以及全场景的复杂性，仅仅基于经验是不够的。而机器学习技术通过对标签化业务信息的输入和学习训练后，能够更高效地提炼转换规则，提升会计引擎在面对新问题时的处理能力。

另外，利用区块链技术，如果能够在业务系统、专业财务系统、核算系统之间搭建分布式底账，那么将为提升会计引擎转换结果的可追溯性带来极大的帮助。

我国尚处于统一会计引擎建立的探索和尝试阶段，但其在大型多元化集团的落地应用并不遥远，未来出现面向社会提供服务的低成本甚至免费的、开放式的统一会计引擎平台也并不是梦想，而智能化技术在开发统一会计引擎平台上也能够发挥更大的价值。

参考文献

[1] 韩军喜，吴复晓，赫丛喜．智能化财务管理与经济发展 [M]. 长春：吉林人民出版社，2021.

[2] 胡椰青，田亚会，马悦．企业财务管理能力培养与集团财务管控研究 [M]. 长春：吉林文史出版社，2021.

[3] 阮晓菲，王宏刚，秦娇．财务管理模式与会计实务 [M]. 长春：吉林人民出版社，2021.

[4] 张玮．现代建筑企业财务管理 [M]. 长春：吉林人民出版社，2021.

[5] 叶怡雄．企业财务管理创新实践 [M]. 北京：九州出版社，2021.

[6] 袁建国，周丽媛．财务管理 [M]. 7 版．沈阳：东北财经大学出版社，2021.

[7] 马勇，肖超栏．财务管理 [M]. 北京：北京理工大学出版社，2021.

[8] 曲柏龙，王晓莺，冯云香．信息化时代财务工作现状与发展 [M]. 长春：吉林人民出版社，2021.

[9] 朱学义，朱林，黄燕．财务管理学 [M]. 北京：北京理工大学出版社，2021.

[10] 刘永龙．企业经营管理概论 [M]. 长春：吉林科学技术出版社，2021.

[11] 高松梅，汪智明，刘俊芹．财务会计知识与实务 [M]. 长春：吉林人民出版社，2021.

[12] 刘根霞．大智移云背景下的财务创新 [M]. 北京：北京工业大学出版社，2021.

[13] 王晓丽，孟秀蕊．大数据时代预算管理理论与创新实践研究 [M]. 长春：吉林人民出版社，2021.

[14] 邹娅玲，肖梅崚．财务管理 [M]. 重庆：重庆大学出版社，2021.

[15] 张书玲，肖顺松，冯燕梁．现代财务管理与审计 [M]. 天津：天津科学技术出版社，2020.

[16] 姚海新．企业上市财务方略 [M]. 天津：天津科学技术出版社，2020.

[17] 胡娜．现代企业财务管理与金融创新研究 [M]. 长春：吉林人民出版社，2020.

[18] 张一兰．智能财务时代 [M]．长春：吉林大学出版社，2020.

[19] 郝翠香，文娟娟，曾珍．财务管理 [M]．长春：吉林人民出版社，2020.

[20] 郭艳蕊，李果．现代财务会计与企业管理 [M]．天津：天津科学技术出版社，2020.

[21] 刘赛，刘小海．智能时代财务管理转型研究 [M]．长春：吉林人民出版社，2020.

[22] 董艳丽．新时代背景下的财务管理研究 [M]．长春：吉林人民出版社，2019.

[23] 周浩，吴秋霞，祁麟．财务管理与审计学习 [M]．长春：吉林人民出版社，2019.

[24] 耿丽君．财务分析与决策研究 [M]．长春：吉林出版集团股份有限公司，2019.

[25] 王玉珏，聂宇，刘石梅．企业财务管理与成本控制 [M]．长春：吉林人民出版社，2019.

[26] 武建平，王坤，孙翠洁．企业运营与财务管理研究 [M]．长春：吉林人民出版社，2019.

[27] 杨林霞，刘晓晖．中小企业财务管理创新研究与改革 [M]．长春：吉林人民出版社，2019.

[28] 罗进．新经济环境下企业财务管理实务研究 [M]．北京：中国商业出版社，2019.

[29] 徐志敏，邵雅丽．云计算背景下的财务共享中心建设研究 [M]．长春：吉林人民出版社，2019.

[30] 董俊岭．新经济环境背景下企业财务会计理论与管理研究 [M]．北京：中国原子能出版社，2019.

[31] 林自军，刘辉，马晶宏．财务管理实践 [M]．长春：吉林人民出版社，2019.

[32] 张蕾，马鑫，陈慧．财务管理 [M]．成都：电子科技大学出版社，2019.